中华英烈事迹读本

第一卷

《中华英烈事迹读本》编写组◎编

新华出版社

图书在版编目（CIP）数据

中华英烈事迹读本. 第一卷 / 《中华英烈事迹读本》编写组编.
-- 北京：新华出版社, 2019.6
ISBN 978-7-5166-4563-5

Ⅰ. ①中… Ⅱ. ①中… Ⅲ. ①革命烈士—生平事迹—中国
Ⅳ. ①K827=6

中国版本图书馆CIP数据核字(2019)第065751号

中华英烈事迹读本・第一卷
编　　写：《中华英烈事迹读本》编写组

选题策划：许　新　　**责任校对：**刘保利
责任编辑：沈文娟　李　宇　　**封面设计：**刘宝龙

出版发行：新华出版社
地　　址：北京石景山区京原路8号　　**邮　　编：**100040
网　　址：http://www.xinhuapub.com
经　　销：新华书店、新华出版社天猫旗舰店、京东旗舰店及各大网店
购书热线：010—63077122　　**中国新闻书店购书热线：**010—63072012

照　　排：六合方圆
印　　刷：河北鑫兆源印刷有限公司

成品尺寸：170mm×240mm
印　　张：20　　**字　　数：**260千字
版　　次：2019年6月第一版　　**印　　次：**2023年11月第三次印刷

书　　号：ISBN 978-7-5166-4563-5
定　　价：48.00元

出版说明

习近平总书记曾说："我们要铭记一切为中华民族和中国人民作出贡献的英雄们，崇尚英雄，捍卫英雄，学习英雄，关爱英雄，戮力同心为实现'两个一百年'奋斗目标、实现中华民族伟大复兴的中国梦而努力奋斗。"

为响应习近平总书记的殷切号召，传承红色基因、筑牢精神支柱，本书编者希望能借由一个个鲜活生动的英烈故事，带领读者回到那些血与火交织的艰难岁月，去感受英烈们为新中国的建立所做出的伟大牺牲和不懈坚持，从而激励人们为中华民族的伟大复兴而继续努力奋斗。

书内文章均来自新华社公开播发的"为了民族复兴·英雄烈士谱"专栏，第一卷先选取前100位革命烈士的感人事迹，并配以人物图片、经典语录、英烈相关视频二维码，汇集成册，力求全面、生动、多角度地展现英烈生平和事迹。书内文章作者均为新华社各分社记者，如周闻韬、俞菀、刘娟、吴文诩、柳王敏、刘良恒等。

全书内容权威、通俗易懂、图文并茂，可作为各地区各部门开展爱国主义、集体主义、社会主义教育的参考读物，帮助读者深刻感受爱国精神和崇高信仰的感召和激励，在自己的生活和工作中真正做到"不忘初心，方得始终"。

《中华英烈事迹读本》编写组

2019年5月6日

目录

CONTENTS

邹容

『革命军中马前卒』

邹容（1885—1905），原名桂文，留学日本时改名邹容。四川省巴县（今重庆渝中）人。1902年，邹容到日本留学，受到孙中山革命思想的影响，投身于民主革命斗争，其撰写的《革命军》是中国近代史上第一部系统地宣传革命、主张建立民众共和国的著作。1905年4月3日，邹容病逝于上海提篮桥监狱，时年20岁。

英烈挽歌

邹容吾小弟，被发下瀛洲。快剪刀除辫，干牛肉作糇。英雄一入狱，天地亦悲秋。临命宜掺手，乾坤只两头。

——章太炎《狱中赠邹容》

2018 年 4 月 3 日是邹容逝世 113 周年的纪念日。近日，重庆市渝中区在位于渝中区南区路的邹容烈士纪念碑前开展了多场祭奠活动。邹容烈士亲属代表、市民代表、武警战士、少先队员等百余名社会各界人士参加，并瞻仰烈士纪念碑。

邹容（1885—1905），原名桂文，留学日本时改名邹容。四川省巴县（今重庆渝中）人。邹容自幼受中华民族传统思想的影响，具有强烈的民族自尊感。甲午战争后，他读到《时务报》等维新报刊，成为新思想的热心传播者。

1902 年，邹容到日本留学，受到孙中山革命思想的影响，投身于民主革命斗争。在日本期间，邹容写成了七章两万余字的《革命军》一书，以“革命军中马前卒”署名，书中对民主革命的对象、性质、任务和前途等，进行了系统的阐述。

《革命军》深刻揭露了清政府的封建专制，是中国近代史上第一部系统地宣传革命，主张建立民主共和国的著作。刚一问世，就被不少人称之为“今日国民之第一教科书”。

1903 年起，《革命军》先后在中国上海、新加坡、日本、美国等地翻印 29 版，发行 100 万册以上，占清末革命书刊销量的第一位。清政府惊慌失措，与帝国主义相勾结，制造了震惊中外的“苏报案”。

同年 6 月 29 日和 30 日，巡捕先后闯进《苏报》馆和爱国学社，捕去章炳麟等人。7 月 1 日，18 岁的邹容独自步行到租界监狱，自报姓名，慷慨入狱。

1904 年 5 月 21 日，邹容被判“监禁二年，罚作苦工，限满释放，驱逐出境”。由于狱中非人的生活，1905 年 4 月 3 日，邹容病逝于上海提篮桥监狱。时年 20 岁。

辛亥革命后，孙中山追赠邹容为“陆军大将军”荣衔，并赞叹“惟蜀有才，奇俊瑰落”。1944 年，国民政府决定将原夫子池洪家院子至苍坪街原邹家祠堂路段改名为“邹容路”，至今重庆市解放碑至临江门一带依然保留该地名。

邹容烈士曾孙女邹小菲、玄孙曾令堂在活动现场表示，作为烈士后人，感到非常骄傲和自豪，将一如既往地传承好烈士精神，让以天下为己任、对真理孜孜以求的邹容精神在新时代发出更耀眼的光芒。

秋瑾
拼把头颅换凯歌

秋瑾（1875—1907），女，字竞雄，号鉴湖女侠，浙江绍兴人。我国近代资产阶级革命家。她从小崇拜岳飞、文天祥、花木兰、秦良玉等民族英雄和女中豪杰，蔑视封建礼法，提倡男女平等，留下了许多充满强烈爱国思想和饱满革命热情的诗篇。

英烈语录

祖国沉沦感不禁，闲来海外觅知音。金瓯已缺总须补，为国牺牲敢惜身。嗟险阻，叹飘零，关山万里作雄行。休言女子非英物，夜夜龙泉壁上鸣。

——秋瑾《鹧鸪天·祖国沉沦感不禁》

秋瑾（1875—1907），女，字竞雄，号鉴湖女侠，浙江绍兴人。中国近代资产阶级革命家。她从小崇拜岳飞、文天祥、花木兰、秦良玉等民族英雄和女中豪杰，蔑视封建礼法，提倡男女平等，留下了许多充满强烈爱国思想和饱满革命热情的诗篇。

1904 年夏，秋瑾冲破封建家庭的束缚，自费东渡日本留学，寻求救国救民的真理。她积极参加留日学生的革命活动，创作的《鹧鸪天》抒发了她立志为国牺牲的心声："祖国沉沦感不禁，闲来海外觅知音。金瓯已缺总须补，为国牺牲敢惜身。嗟险阻，叹飘零，关山万里作雄行。休言女子非英物，夜夜龙泉壁上鸣。"

1905 年，秋瑾回国加入光复会。同年 7 月再赴日本东京，加入同盟会，被推为评议部评议员和浙江主盟人。翌年归国，在上海参与创办中国公学。1907 年 1 月她创办中国第一份妇女报刊——《中国女报》，号召妇女为争取解放而斗争。1907 年 2 月回浙江，接任绍兴大通学堂督办，与徐锡麟共筹在皖、浙两地发动武装起义。

为有效组织武装起义的力量，秋瑾整顿光复会组织，联络会党势力，组织"光复军"。她将光复会会员分成 16 级，以"黄祸源溯浙江潮，为我中原汉族豪，不使满胡留片甲，轩辕依旧是天骄"这首七绝诗中的前 16 字分别作为 16 级的表记。她还秘密编制《光复军军制》，将光复军全军分为 8 军，以"光复汉族，大振国权"8 字分别作为各军的表记。

她与徐锡麟联系，制定了皖浙起义计划，"以安庆为重点，以绍兴为中枢”。大通学堂成为当时浙江革命的大本营。1907 年 7 月 6 日，安庆起义失败，7 月 13 日清兵包围大通学堂，秋瑾不幸被捕。她坚贞不屈，怅恨自己壮志未酬，写下了“秋风秋雨愁煞人”的绝命诗，7 月 15 日从容就义于绍兴轩亭口。

辛亥革命后，在她就义处建立起了秋瑾烈士纪念碑，烈士灵柩定葬于杭州西湖西泠桥畔。20 世纪 50 年代迁葬杭州鸡笼山辛亥革命烈士陵园，现西泠桥畔立有秋瑾烈士全身塑像，接受世人缅怀。1912 年 12 月孙中山莅临杭州亲往秋社致祭，题赠挽幛“巾帼英雄”。1939 年周恩来巡视浙江，在绍兴题词“勿忘鉴湖女侠遗风，望为我越东女儿争光”，号召世人向秋瑾学习。

徐锡麟 一寸丹心图报国

徐锡麟（1873—1907），男，字伯荪，又字伯圣，别名光汉子，浙江绍兴人，是我国近代著名资产阶级革命家。

英烈语录

尔等杀我好了，将我心剖了，两手两足断了，全身碎了，均可，不可冤杀学生。

——徐锡麟

行走在浙江绍兴东浦小镇的青石板上，过锡麟中学，走5分钟路程，就可见到一尊徐锡麟烈士塑像。太阳下，烈士身穿长袍，脚着浅口布鞋，手执书卷，昂首前视。从铜像处出发，穿过锡麟老街，便是徐锡麟故居。

在这里工作了11年的讲解员刘丽华说，1911年，辛亥革命胜利。孙中山亲自到杭州致祭，说："光复会有徐锡麟之杀恩铭，其功表见于天下。"并书写挽联"丹心一点祭余肉，白骨三年死后香"，以此告慰先烈。如今，此联悬于徐锡麟故居大厅"一经堂"。

徐锡麟（1873—1907），男，字伯荪，又字伯圣，别名光汉子。浙江绍兴人，是中国近代著名资产阶级革命家。

1901年，徐锡麟受聘为绍兴府学堂教师，后升任副监督。1903年应乡试，名列副榜。同年赴日本大阪参观国际博览会，并转道横滨、东京游历考察。时值东京中国留学生发起拒俄运动，他深受这股汹涌的爱国革命浪潮影响，萌发了反清革命的思想。

在东京期间，他积极参加营救章炳麟的会议，并慷慨出资捐助。在这次会议上，结识了革命党人陶成章、龚宝铨。回国后，在东浦创立热诚学堂，提倡国民教育。同时在绍兴开办"特别书局"，传播新译书报，宣传反清革命。

1904年，徐锡麟在上海加入光复会。1905年他在绍兴创立体育会，又创立大通师范学堂，规定入校学生均为光复会会员，参加兵操训练。之后他决定北上谋取官职，拟掌握兵权，伺机发动革命。当年他捐得一个道员，被分发到安徽安庆。

1907年5月，"光复军"成立，徐锡麟被推为首领，秋瑾任协领。他决定于7月6日在安庆巡警学堂举行大考时刺杀恩铭等人，提前发动起义。6日早晨，他与陈伯平、马宗汉来到巡警学堂，召集学生进行演说。典礼开始后，他从靴中拔出两支手枪，向恩铭猛射。随后，与陈伯平、马宗汉率领学生直奔抚衙。藩司冯煦、臬司毓朗等逃出后集兵反扑，他率学生转道占领军械所，双方激战四小时，后与马宗汉等20余人相继弹尽被捕。安庆起义失败。

6日晚，冯煦、毓朗组织审讯。在公堂上，徐锡麟大义凛然："尔等杀我好了，将我心剖了，两手两足断了，全身碎了，均可，不可冤杀学生。"面对审讯，他直认不讳，即日惨遭斩首剜心。

徐锡麟牺牲后，遗体安葬在安庆城北马山。章太炎著文歌颂其大无畏的革命精神和爱护学生的高尚品质："山阴徐君，生当其辰。所执大义，以身救民。手歼虏首，名声远闻。"

1912年1月21日，徐锡麟灵柩运经上海，在永锡堂召开追悼大会。次日灵柩运至杭州，葬于孤山东南麓。1964年，迁至杭州鸡笼山。1981年9月，归葬杭州风篁岭下浙江辛亥革命烈士墓群。

徐锡麟牺牲110年，家乡东浦镇启动建设黄酒小镇。如今的东浦小镇，已经脱胎换骨成一个融生产观光、展示体验、文化创意、休闲旅游于一体的特色小镇。刘丽华说，黄酒小镇建设给东浦带来了人气，这两年，徐锡麟故居的参观者不断增加。"尤其是周末，参观者特别多，来自全国各地的都有，清明节前一天，光宁波一个团队就来了250人。"

林觉民

铁血壮魂撼山河

林觉民，1887 年出生于福建闽县（今福州市区），1907 年留学日本，加入同盟会。1911 年 4 月 27 日与革命党人攻打广州总督署，力竭受伤被捕。几天后从容就义。

英烈语录

吾今以此书与汝永别矣！……汝幸而偶我，又何不幸而生今日之中国！吾幸而得汝，又何不幸而生今日之中国！

——林觉民《与妻书》

如果生在政治清明的太平时代，他会是一个温情丈夫。然而在“遍地腥云，满街狼犬”的封建王朝末期，他却成了为天下人蹈死不顾的“铁血丈夫”——24岁就被残害，匆匆与爱妻及腹中孩子诀别，从此长眠异乡。

他，便是“黄花岗七十二烈士”之一的林觉民。

朱门灰瓦，翠竹掩映下，林觉民的半身塑像伫立在其故居内，目光直视远方。塑像下方簇簇鲜花，安静地诉说着人们对他的哀思和怀念。

福州辛亥革命纪念馆原馆长李厚威说，林觉民短暂而辉煌的一生，正是匈牙利诗人裴多菲的那句名言的生动诠释：“生命诚可贵，爱情价更高。若为自由故，二者皆可抛。”

林觉民，1887年出生于福建闽县（今福州市区），他的成长，恰逢民主革命思想萌芽，自由平等在年少的他心里深深扎下了根。在1900年的科举考试中，林觉民霸气地在考卷上写下：“少年不望万户侯”七个大字，以表自己不望功名，然后潇洒地离开考场。

1905年，随着林觉民日渐长大，父亲为他定了一门婚事，对方是满腹才情的陈意映，两人颇为情投意合，常常在阳台“并肩携手，低低切切。何事不语？何情不诉？”

1907年，林觉民启程前往日本留学，两年的新婚生活第一次迎来了分离。在日本，林觉民很快就找到了志同道合的朋友，加入了同盟会，认识了黄兴等人，受到了深刻影响，已然把革命当作事业，愿为之献身。

1911年的一天，林觉民突然回到家中，联系同盟会各联络人，隐秘地进行起义计划推演。他们秘密制造了大量炸药送往香港，林觉民和一众革命党人也从福州马尾登船，前往香港等待起义。

这是 1911 年 4 月 9 日，此时的陈意映已怀有 8 个月身孕。

等到负责起义的领导人黄兴到达广州，一切准备就绪时，革命党中却出了内奸。很快，起义遭到破坏，不少革命党人被抓捕，无奈之下只能选择提前起义。在起义前的动员大会上，林觉民慷慨激昂地做了一番演讲："此举若败，死者必多，定能感动同胞。"

是夜，林觉民想起远在福州的家人，想起了自己的妻子和父亲，辗转反侧之中，写下了两封诀别书。在《与妻书》中，林觉民无奈写道："吾今以此书与汝永别矣！……汝幸而偶我，又何不幸而生今日之中国！吾幸而得汝，又何不幸而生今日之中国！"

4 月 27 日，革命党人拿着简陋的武器去攻打广州总督署，而两广总督张鸣岐早已撤走，室内空空如也。当他们撤出时正好撞上了巡防营，双方展开激烈的巷战，林觉民力竭受伤被捕。

之后，林觉民被押往刑场。就义前的林觉民泰然自若，慷慨赴死。孙中山先生得知起义的同志们牺牲之后，不禁仰天痛呼："吾党菁华，付之一炬！"

24 岁的林觉民和其他 71 人葬于广州黄花岗荒丘，他们被称为：黄花岗七十二烈士。

如今，距离林觉民离世已有 107 年，他的家乡福州从晚清直面列强的通商口岸前线，变为了自贸片区、国家级新区、国家生态文明试验区、21 世纪海上丝绸之路核心区以及国家自主创新示范区等多区叠加的国家政策汇集地，迎来了千载难逢的发展良机，迸发出前所未有的活力。

"我们的国家越来越强大，如果林觉民地下有知，应能放心了。"慕名前来祭奠的黑龙江访客王清泉说，"回去以后，我要把他的精神和故事讲给孩子们听，让这份正能量永远流传下去。"

彭家珍

慷慨赴死为共和

彭家珍，字席儒，四川金堂人（今青白江区城厢镇人），1888 年 4 月 9 日出生。1906 年毕业于四川武备学堂，后赴日本考察学习军事，在日加入中国同盟会，接受孙中山先生倡导的革命思想。1912 年 1 月 26 日舍身炸死清军统帅良弼，时年 23 岁。

英烈语录

共和成，虽死亦荣；共和不成，虽生亦辱。与其生受辱，不如死得荣。

——彭家珍

在成都市青白江区城厢镇的彭大将军专祠内，一座高达近 10 米的石碑矗立其间，碑身南北面书有“彭大将军家珍烈士纪念碑”，东西面写着“先烈彭大将军家珍殉国纪念碑”。

1912 年 1 月 26 日的深夜，北京西四北红罗厂，清朝顽固派首领良弼家宅门口响起猛烈的爆炸声。23 岁的京、津同盟会军事部长彭家珍只身深入虎穴，用土制炸弹将良弼炸死，自己则英勇捐躯。

彭家珍，字席儒，四川金堂人（今青白江区城厢镇人），1888 年 4 月 9 日出生。1906 年毕业于四川武备学堂，后赴日本考察学习军事，在日本期间加入中国同盟会，接受孙中山先生倡导的革命思想。

1912 年 1 月 1 日，中华民国临时政府在南京成立，孙中山出任临时大总统，但清王朝以良弼为首的顽固派不甘失败，组织“宗社党”拼力反抗革命。良弼是“宗社党”领袖，他坚决反对清廷与革命政府议和，欲集结十万清军与革命军决一死战。

为了扫清革命阻碍，彭家珍自告奋勇，决定舍身前往刺杀良弼。彭家珍通过调查发现，良弼的亲信弟子、奉天讲武堂监督崇恭与自己外表相似，可以假扮他去见良弼，于是便印了崇恭的名片，又购买了一套清军官服。

1912 年 1 月 26 日晚，当良弼乘坐的马车回到府邸门前，良弼正从马车上迈下一只脚时，一个身着清军官服的青年人迎上来递上一张名片。良弼觉得不认识眼前这个人，诧异之间欲转身快步回府。突然，青年人掏出一枚炸弹，一声巨响后，良弼应声倒地，左腿当即被炸断。一块弹片也击中了青年人的头部，他不幸壮烈牺牲。这个青年正是彭家珍，时年 23 岁。两天后，良弼伤重死去，同时殒命者还有其八名卫兵。

那是一个为革命慷慨赴死的年代。爆炸行动前，彭家珍写好绝命书，连同账簿和现洋200元装入皮包内，交给同志。“共和成，虽死亦荣；共和不成，虽生亦辱。与其生受辱，不如死得荣。”这是彭家珍留下的生命绝唱。

烈士的鲜血没有白流。在爆炸行动十多天后，清朝宣统皇帝下诏宣布退位，中国2000多年的封建帝制从此终结。孙中山称赞彭家珍“我老彭收功弹丸”，并追赠其为“陆军大将军”。新中国成立后，毛泽东签发给其家属《革命牺牲军人家属光荣纪念证》，表彰彭家珍“丰功伟绩永垂不朽”。

彭家珍已经牺牲100多年，如今家乡城厢镇的变化非常大。近年来，城厢镇以重点镇建设为契机，以现代产业发展为支撑，以“五区一带”和古镇保护开发的产业发展布局为基础，推动全镇经济社会的不断发展，加快了基础设施建设步伐，人居环境明显改善，初步形成交通方便、环境优美、具有较强辐射力的区域经济文化中心。

宋教仁

为国捐躯洒碧血

宋教仁（1882—1913），字遯初，号渔父，湖南常德市桃源人，是民主革命的先行者，中华民国临时政府唐绍仪内阁的农林部总长，国民党的主要筹建人。

英烈语录

日落浦风急，天低野树昏。孤舟依浅渚，秋月照征人。家国嗟何在，乾坤渺一身。夜阑不成寐，抚剑独怆神。

——宋教仁《晚泊梁子湖》

一入湖南常德桃源县教仁学校大门，抬头就可见一尊宋教仁雕像。四月春暖，烈士一袭长袍，头戴毡帽，昂首肃立，目视前方。2018 年，200 余名师生代表和社会各界人士齐集雕像前，纪念宋教仁为国捐躯 105 周年。

“千古武陵溪上路，桃源流水潺潺。”一代英烈宋教仁，其勤奋刻苦的求知精神、矢志不渝的革命精神、义无反顾的爱国精神、倾注一生的法治精神在教仁学校学子和桃源人民中间广为流传。

宋教仁（1882—1913），字遯初，号渔父，湖南常德市桃源人，是民主革命的先行者。中华民国临时政府唐绍仪内阁的农林部总长，国民党的主要筹建人。

1888 年（清代光绪十四年），6 岁的宋教仁进入私塾读书，1899 年，升入桃源漳江书院，1902 年，考入武昌普通中学堂。翌年入学，在校期间，由吴禄贞等人组织的革命团体在武昌花园山的聚会吸引了宋教仁，他常与同学议论时政，并走上了反清革命之路。

1903 年 8 月，宋教仁结识黄兴，成为挚友。同年 11 月 4 日，他偕黄兴、刘揆一、陈天华、章士钊筹创华兴会。

1904 年 2 月，以“驱除鞑虏、恢复中华”为政治纲领的华兴会在长沙成立，黄兴任会长，宋教仁任副会长。同年 11 月，宋教仁抵达日本。学习期间，他广泛阅读了西方资本主义政治学说和社会制度方面的书籍，还翻译了《日本宪法》《俄国之革命》等各种文稿，对当时世界重要国家的政治、经济、法律等各种制度有了相当深刻的认识。

1905 年 6 月，宋教仁创办革命杂志《二十世纪之支那》，入读日本法政大学；同年 8 月，他支持孙中山在日本东京成立同盟会，并当任其司法部检事长，将《二十世纪之支那》改为同盟会的机关报《民报》。

1910 年底，宋教仁从日本返抵上海，任《民立报》主笔，以“渔父”笔名撰写大量宣传革命的文章。

1911 年 7 月，宋教仁与谭人凤、陈其美在上海组建同盟会中部总会，亲任总务干事。他来往于上海、两湖各地，积极发展中部总会分会，筹款购买武器弹药，推动长江中下游流域的革命进程。

1913 年 3 月，“中华民国”第一届国会选举基本结束，在宋教仁的主持经营下，国民党取得重大胜利，进一步提高了他的政权预期和政治热情。宋教仁正欲循欧洲“内阁制”惯例，以党首身份组阁之际，同年 3 月 20 日 22 时 45 分，被洪述祖暗杀于上海火车站。22 日凌晨 4 时 48 分不治身亡，年仅 31 岁。今宋教仁墓安于上海市闸北公园。

章太炎在《民国报》《神州日报》评点宋教仁“至于建制内阁，仆则首推宋君教仁，堪为宰辅”“谓总理莫宜于宋教仁”。

蔡元培在《我之历史》序言说：“（同盟会）其抱有建设之计划者居少数。抱此计划而毅然以之自任者尤居少数，宋渔父先生其最著也。”

多年来，宋教仁家乡的桃源人民铭记和深切缅怀宋教仁先生的英雄事迹，弘扬宋教仁的爱国奉献精神，怀念这位杰出的革命家，桃源人民将宋教仁的故居原八字路乡粟山坡村改名为“渔父村”，2011 年 5 月，又将渔父、回龙、姚家冲三个村合并为“教仁村”。2001 年将原八字路中学改名为“教仁中学”，后又将教仁中、小学合并为现在新建的教仁学校。

桃源县为纪念宋教仁，还兴办了不少工程：宋教仁故居、三杰亭、专著《宋教仁》、宋教仁学校、影视剧《宋教仁传奇》。

同时，桃源县还规划设计了宋教仁故居文化产业园，正在筹建宋教仁博物馆，建立了桃源县宋教仁研究会。

蒋翊武

临危受命守危城

蒋翊武（1885—1913），汉族，湖南澧州（今澧县）人，初名保襄，字伯夔。我国近现代杰出的民族民主革命活动家，辛亥武昌首义的主要组织、领导者。

英烈语录

斩断尘根感晚秋，中原无主倍增愁！是谁支得江山住？只有余哀逐水流。

——蒋翊武《绝命诗》

沿着长沙岳麓山羊肠小道拾级而上，至麓山寺正门附近，一座汉白玉方形碑塔立于眼前，青松翠柏掩映下的“蒋公翊武之墓”六个大字格外引人注目。

清明时节，细雨纷飞，蒋公墓冢四级平台的基座上，摆满了鲜花。孙中山曾评价他：“辛亥武昌发难，以公功为冠。”一代革命英烈的事迹，供人凭吊、追慕和传颂。

蒋翊武（1885—1913），汉族，湖南澧州（今澧县）人，初名保襄，字伯夔。我国近现代杰出的民族民主革命活动家，辛亥武昌首义的主要组织、领导者。

蒋翊武少时勤奋好学，天资聪颖，“为人豪爽，洒脱不拘，关心国事，抱负非凡”。1901 年，蒋翊武以优异的成绩进入澧州官立高等小学堂学习。1903 年，进入常德西路师范学校学习。少年蒋翊武广泛“搜求披阅”革命书报，了解国内外发展趋势，思考各种社会、政治思潮，积极投身学运和青年革命活动。

1904 年，黄兴策划长沙起义。蒋翊武积极参与密谋，并与刘复基、梅景鸿等一道加入华兴会，配合副会长宋教仁在常德联系学界、会党、巡防营士兵等，集结力量，以谋响应。后事泄失败，被学校开除学籍。

组织辛亥武昌起义，是蒋翊武革命一生最突出的贡献。1909 年，蒋翊武投入湖北新军后，发起组建文学社，在新军中发展会员，聚结力量，完成宣传、组织、军事准备。1911 年夏，他积极促成文学社与共进会联合，担任文学社社长，被推举为武昌首义总指挥。起义前夕，时任起义总参谋长的孙武在汉口试制炸弹失事，武汉军警大肆搜捕革命党人，形势相当危急，蒋翊武以总司令名下达起义的十道作战命令，促使起义在仓促爆发的情况下有序地走向成功。其后，他又积极襄助莅临武汉指挥的民军总司令黄兴。汉阳失守后，蒋翊武临危受命，任战时总司令部监军，坐镇指挥，在武昌保卫战中“却强敌，守危城”，牵制了北洋军阀的精锐兵力，有力支持了其他地区的革命斗争。

“中华民国”成立后，蒋翊武不以“首义功臣”自居，创办《民心报》，监督政治、关注民生。1913 年，宋教仁在上海火车站遇刺后，蒋翊武义愤填膺，奋起抗袁，首倡“二次革命”，出任中华民国鄂豫招抚使，以“取荆襄、捣武汉、进窥河南”自任，联络东南各省共起讨袁。后遭袁通缉，被迫亡命出走，8 月 29 日路经广西全州时被捕，对袁世凯的劝降利诱，坚强不受，9 月 9 日，在广西桂林英勇就义。

1916 年 7 月，蒋翊武的灵柩归葬湖南岳麓山之“蒋公亭”。1921 年 12 月，孙中山北伐督师桂林时，又下令在丽泽门外竖立蒋翊武纪念碑，并亲笔题写“开国元勋蒋翊武先生就义处”碑文，署“孙文敬题”小楷和印章，以示敬重。碑的两侧及背面镌凿孙中山嘱胡汉民撰写的翊武先生革命事迹。

历经百年风雨，蒋公的后人成长为中共党员、民主人士、国家干部、新闻工作者、人民教师，更多的是普通劳动者，不少成为劳动模范、先进工作者。他们以先贤为榜样，传承家风，形成了特色鲜明的家风文化，最集中的表现是：强烈的爱国主义精神、鲜明的民族大义、昂扬向上的进取姿态、艰苦朴素的作风，低调务实不事张扬、默行大德埋头苦干。蒋公的侄女蒋宗英牺牲在抗美援朝的前线，可谓“一门两忠烈”。

如今走进澧县大地，随处可感受到翊武之精神。蒋公家乡澧县已于 2017 年 8 月建成家规家训博物馆并正式对外免费开放，介绍古代先贤的传世规训和古今遵家训、重家规、立德成才的优秀典范，展示老一辈无产阶级革命家的红色家风和澧州先贤忠贞、德孝、廉勤的不朽风范。

澧县县委、县政府还大力弘扬蒋翊武思想精神，将县城唯一的影剧院命名为翊武剧院；最大的公园命名为翊武公园，园内塑有高 5.5 米、重约 60 吨的大型蒋翊武红色花岗岩雕像，公园目前成为该县一个文化地标；一条横贯东西的城区主干道命名为翊武路。

黄兴
辛亥革命元勋

黄兴原名黄轸，1874 年 10 月 25 日，出生于湖南善化县凉塘（位于现在的长沙县黄兴镇）。1912 年 1 月，南京临时政府成立后，黄兴被任命为陆军总长兼参谋总长。1913 年 7 月底，南京讨袁战事失利，黄兴由上海避走香港，后去往日本、美国等地。1916 年 7 月 8 日，黄兴归国抵上海，由于积劳成疾，于 10 月 31 日病逝于上海，时年 42 岁。

英烈语录

天下无难事，唯坚忍二字，为成功之要诀。

——黄兴

暖春四月，春光明媚。从位于长沙城东南角的地铁 2 号线光达站出来，再转公交车坐几站路，就到了辛亥革命元勋黄兴故居纪念馆。

黄兴原名黄轸，1874 年 10 月 25 日，出生于湖南善化县凉塘（位于现在的长沙县黄兴镇）。

黄兴 5 岁在父亲私塾启蒙读书，8 岁在萧举人的私塾读书，11 岁师从退休翰林周笠樵，1893 年入城南书院，1898 年调长沙湘水校经堂，复选调武昌两湖书院深造。

1902 年，黄兴被湖广总督张之洞选派去日本留学。因沙俄强占我国东北，黄兴与各留日学生组织一支“拒俄义勇队”，准备赴东北抗击沙俄，结果却遭到了清政府的极力阻止。这个时候，黄兴意识到，反帝必须反清，于是毅然放弃留学，回国开展反清革命。

1904 年 2 月 15 日，黄兴在长沙成立革命团体华兴会并担任会长。1905 年 7 月，黄兴与孙中山在日本相识。随后两人就革命团体和反清问题达成一致。当年 8 月 20 日，同盟会在日本东京成立。

同盟会成立后，黄兴更是策动和领导了一系列的武装起义。1908 年，黄兴率中华国民军南路军 200 余人在广西钦廉上思一带，相继与 2 万余清军鏖战 40 多天，以少胜多，七战七捷，威名大震。

1911 年 4 月 27 日黄花岗起义爆发。黄兴身先士卒，亲率敢死队百余人，猛攻清廷两广总督署，虽被枪弹击中右手食指中指，仍坚持战斗，最终因敌众我寡，起义失败。

1911 年 10 月 10 日，武昌起义爆发。黄兴于 10 月 28 日抵达武昌，11 月 3 日就任中华民国军政府战时总司令。在黄兴指挥下，起义军在汉口、汉阳与清军血战，坚持了一个多月的时间，为各省响应武昌起义赢得了时间。

1911 年 12 月中旬，黄兴被各省代表会议推举为大元帅，但黄兴坚持应由孙中山来担任大元帅。在革命过程中，黄兴始终坚持孙中山的领导地位，甘当配角。1912 年 1 月，南京临时政府成立后，黄兴被任命为陆军总长兼参谋总长。4 月，黄兴被委为南京留守，6 月，辞去南京留守一职。

1913年7月底，南京讨袁战事失利，黄兴由上海避走香港，后去往日本。为促进党内团结，一致讨袁，黄兴于1914年6月底前往美国等地。在此期间，黄兴多次致函革命者，敦促兴师讨袁。

1916 年 7 月 8 日，在国内各界邀请下，黄兴归国抵上海。但由于积劳成疾，他于 10 月 31 日病逝于上海，时年 42 岁，1917 年 4 月 15 日，国葬于长沙岳麓山。

在这位辛亥革命元勋逝世百余年后，黄兴的家乡已经站在了新的发展起点上。被浏阳河三面环抱的黄兴镇，文化底蕴深厚，人文资源丰富，自然风光秀美，区位优势明显，是长沙经济发展和城市建设的前沿阵地，如今正着力打造“黄兴现代市场群”“黄兴文化产业园”“高铁会展经济区”“汽车及配套产业走廊”四个特色板块。

蔡锷
为四万万人争人格

蔡锷（1882—1916），原名艮寅，字松坡，湖南邵阳人，近代伟大的爱国主义者，著名政治家、军事家、民主革命家。

英烈语录

流血救民吾辈事，千秋肝胆自轮囷。

——蔡锷

漫步在湖南省邵阳市大祥区蔡锷乡蔡锷村的林荫小道上，远望蔡锷故居，它背靠蔡家山，坐东朝西，三间正房带一间小侧屋，结构保留着清代同治光绪年间的建筑特征，为悬山顶土砖、上盖小青瓦、单层的普通农舍。这里曾经是蔡锷小时候生活过的地方。

“废旧制蔡公去矣，正气昭昭怀典范；开新业锷刃存之，雄心勃勃展鸿猷。”跨过这座石牌坊就进入了蔡锷乡，它不仅起着划分地界的作用，还代表着人们对革命先驱蔡锷将军的无限怀念。蔡锷乡原名蒋河桥乡，上世纪 90 年代人们为纪念蔡锷改名为蔡锷乡，而后村民修建了这座石牌坊，供后人观瞻。

在蔡锷故居工作的讲解员廖文婷说，蔡锷将军是从湖南邵阳走出去的著名讨袁护国、再造共和的政治家、军事家，毕生致力于救国救民。他在政治和军事上才华横溢，善于把握时局，富有胆识和谋略，可惜英年早逝。

蔡锷（1882—1916），原名艮寅，字松坡，湖南邵阳人，近代伟大的爱国主义者，著名政治家、军事家、民主革命家。

蔡锷年少求学时忧国忧民、奋发图强，13 岁中秀才，15 岁入湖南时务学堂，17 岁赴日留学。1900 年，蔡锷回国参加唐才常发动的自立军起义，起义失败后，复返日本，改名为锷，入成城学校习军事，立志流血救国，于 1904 年冬毕业于日本陆军士官学校，与蒋百里、张孝准并称“中国士官三杰”。

归国后，蔡锷先后在江西、湖南、广西、云南编练新军，整军经武，培养军事人才，为反清革命殚精竭虑。1911 年 10 月武昌起义爆发后，他在云南积极响应，发动和领导了昆明新军“重九起义”，一举推翻了清王朝在云南的统治，并被推举为云南军政府都督。督滇期间，蔡锷在维护云南及其周边统一和稳定的同时，领导军政府在政治、经济、军事、文化、教育等方面实行了一系列具有民主革命性质的改革，对于推进云南经济社会的近代化产生了重大而又深远的影响。

1915 年，袁世凯复辟帝制，蔡锷为四万万人争人格，救国于危难，毅然与唐继尧、李烈钧等在云南举义，兴兵讨袁，并抱病亲任护国军第一军总司令，率兵赴川南与袁军顽强作战，最终迫使帝制取消，共和恢复。蔡锷也以再造共和之殊功，被誉为护国元勋。

护国战争结束后，蔡锷任四川督军兼署省长，致力治川，但因喉疾加剧，赴日就医，1916 年 11 月 8 日病逝于福冈医科大学医院，年仅 34 岁，次年 4 月 12 日，被国葬于岳麓山，为民国国葬第一人。

“蔡锷将军的一生短暂而辉煌，他注意辨别政治风云，顺应历史潮流，投身革命运动；在军事理论和战争实践方面都作出了较突出的贡献。他既继承了勤奋、俭朴、清廉的传统美德，又深受西方先进思想浸染，竭尽毕生心血捍卫民主与法治，不惜献出生命。”研究蔡锷将军史料的邵阳市政协文史研究员曾胜程评价说。

如今，蔡锷将军去世已有 102 年，蔡锷故居周边也已发生了翻天覆地的变化，每年前往拜谒和参观的人络绎不绝。据介绍，2006 年，蔡锷故居被国务院公布为第六批全国重点文物保护单位，也是湖南省省级爱国主义教育基地、省级全民国防教育基地、省级红色旅游景区（点），每年接待海内外游客约 30 万人次。

邓铿

宁为玉碎的『陆军上将』

邓仲元（1886—1922），原名仕元，别名铿，原籍广东梅县，后落户淡水。1921 年 5 月，邓仲元任广州军政府第一师师长兼总司令部参谋长。1922 年 3 月 21 日，邓仲元亲赴香港接其老师周善培来广州，抵达车站时被人暗杀，经抢救无效于 23 日去世，终年 36 岁。

英烈语录

怕死则不必作革命事业，丈夫宁为玉碎耳，何虑？

——邓铿

在广州市黄花岗公园内七十二烈士墓东南侧，有一座民国陆军上将之墓巍然壮观，墓碑是孙中山先生亲题，这就是邓仲元墓。清明时节，园内青松翠柏，相互辉映，蔚为壮观，庄严的墓碑前，堆放着人们敬献的鲜花。

邓仲元（1886—1922），原名仕元，别名铿，原籍广东梅县，因其父在广东惠州惠阳淡水经商，从而落户淡水。邓仲元早年就读于惠阳，后肄业于崇雅学堂。1905 年他 19 岁时考入广州将弁学堂步兵科，毕业后留校，任步兵科教员兼公立政法学堂体操教习，不久任代区队长。1907 年升任该校学兵营排长兼代左队队官。

辛亥革命爆发后，邓仲元与陈炯明等在惠阳淡水首义，继而率兵进攻惠州，与敌作战，身先士卒，率众击溃敌军，迫使惠州守敌投降，光复惠州。任东江第一军参谋长，后改编为陆军第一混成协，任协统。

1913 年邓仲元任琼崖镇守使，后起兵反袁，与龙济光激战于三水，失败后逃亡日本。1914 年他在日本加入中华革命党，任军务部副部长，旋奉孙中山之命回国，密谋在广东举行起义，并任广东讨袁军总司令，与朱执信等人在香港、澳门设立指挥机关，与陈可玉策动陆军团长邓承昉在饶平起义，另命洪兆麟在惠州举事，均未成功。

1915 年邓仲元奉命赴新加坡筹募讨袁军费。1916 年他任中华革命党东江司令官，参加讨袁驱龙（济光）战役，攻博罗、石龙，与广州、惠州、东莞之敌苦战月余。

1917 年 11 月粤军成立，邓仲元任粤军参谋长兼第一师师长。1918 年，随陈炯明率军援助福建民军，攻克闽南 20 余县。1920 年率部回粤，年底驱逐了盘踞广东的莫荣新。

1921年5月，邓仲元任广州军政府第一师师长兼总司令部参谋长。同年夏，击溃犯粤的沈殿英、刘震寰部。接着，他积极支持孙中山北伐，担任后方筹饷械的任务。

1922年3月21日，邓仲元亲赴香港接其老师周善培来广州，傍晚抵达大沙头广九车站时被人暗杀，经抢救无效于23日去世，终年36岁。

孙中山痛失良将，追授邓仲元“陆军上将”，安葬于广州黄花岗。孙中山亲题“邓仲元先生之墓”墓碑，胡汉民撰写“陆军上将邓仲元墓表”。1929年7月24日国民政府令拟照上将阵亡例给恤。

广东仲元中学始创于1934年，是专为纪念邓仲元将军所创办。该校历来重视继承与发扬仲元精神，每年清明时节，仲元中学都组织全体高一年级1000多名学生，到黄花岗烈士陵园开展祭奠活动，向革命烈士敬献花圈，鞠躬致意、默哀悼念。仲元中学校长谭小华说，吊念先烈，可以让学生更好地铭记革命事迹，学习七十二烈士及邓仲元将军勇于斗争、刚正不阿的爱国主义精神。

林祥谦

屠刀下的工人先锋

林祥谦，1892年出生在福建省闽侯县的一个贫农家庭。1922年加入中国共产党。1923年，在中国共产党领导的第一次工人运动最高潮——京汉铁路工人大罢工中，林祥谦血洒大地，英勇就义。

英烈语录

头可断，血可流，工不可复。

——林祥谦

在福州市区南郊的闽侯县祥谦镇，一座庄严肃穆的烈士陵园背倚青山，面朝一江碧水。苍松翠柏环绕间，陵园大门处矗立着一座花岗岩石雕砌成的塑像：一个青年工人站得笔直，泰然自若，双手抱于胸前，目光坚毅地望着前方。

他，就是工人运动的先驱林祥谦烈士。95 年前，在中国共产党领导的第一次工人运动最高潮——京汉铁路工人大罢工中，林祥谦血洒大地，英勇就义。

拾级而上，庄严肃穆的林祥谦烈士纪念堂出现在眼前。一件件珍贵的历史照片、烈士遗物和历史文字资料，把参观者带回了那个血雨腥风的年代。

1892 年，林祥谦出生在闽侯的一个贫农家庭。1906 年，年仅 14 岁的林祥谦进入马尾造船厂，成为一名学徒。他聪明好学，很快掌握了钳工的技术。1912 年，林祥谦进入京汉铁路江岸机车车辆厂当钳工，1913 年转到工务修配厂当铁路工人。当时，京汉铁路是连接华北和华中的交通命脉，有重要的经济、政治和军事意义，铁路运营收入是军阀吴佩孚军饷主要来源之一。

1921 年中国共产党诞生后，在工人中进行广泛而通俗的马克思列宁主义宣传教育。在这段时间里，林祥谦逐步接触到进步思想，受到很大的启发和教育，开始走上革命道路。不久，他担任京汉铁路江岸工人俱乐部干部，并于 1922 年光荣地加入了中国共产党，被推选为京汉铁路总工会江汉分会委员长，领导铁路工人与帝国主义、封建军阀进行坚决斗争。

1923 年 1 月，党领导下的京汉铁路总工会筹备会决定在郑州召开成立大会。当天，参加会议的工人代表不顾生死，冲破反动军警的重重包围，高呼“京汉铁路总工会万岁”“劳动阶级胜利万岁”等口号，宣布京汉铁路总工会成立，并决定自 2 月 4 日起举行全路总罢工。

2 月 4 日，京汉铁路两万多工人举行大罢工，1200 公里的铁路顿时瘫痪，总工会对外发表宣言，并提出了维护工人权益的五项条件。大罢工引起了帝国主义和反动军阀的恐慌。在帝国主义的支持下，吴佩孚调集两万多军警在京汉铁路沿线残酷镇压罢工工人，制造了震惊中外的“二七惨案”。

2 月 7 日，林祥谦不幸被反动军阀、湖北省督军府参谋长张厚生逮捕，捆绑在江岸车站的电线杆上。军阀用刀砍向林祥谦，逼他下令复工。在屠刀面前，林祥谦坚贞不屈、视死如归，断然拒绝复工，献出了年仅 31 岁的生命。

“我们还小的时候，就听奶奶一遍遍地说起，在那个雪花纷飞的寒夜，刽子手的屠刀一刀刀地向爷爷身上砍去。爷爷拼尽全力高喊‘头可断，血可流，工不可复’，为革命献出了宝贵的生命。”林祥谦的大孙子林耀武告诉记者，“在我眼里，爷爷是一个有信仰的人。他是一名共产党员，他坚信只有共产党才能救中国。为了实现这个梦想，需要革命先行者为之抛头颅、洒热血。就算他看不到梦想实现的那天，他也要用鲜血唤醒更多的人民，所以爷爷视死如归。”

1928 年，党组织派人帮助林祥谦烈士的妻子陈桂贞运送烈士棺木回到家乡，草草掩埋在闽侯县枕峰山下。

新中国成立后，为了纪念林祥谦烈士的丰功伟绩，党和政府决定在烈士的家乡枕峰山西麓建造陵园。1963 年初，陵园完工并对外开放。

站在覆鼎形的烈士墓前，花岗石砌筑的照壁式墓碑上镌刻着郭沫若手书“二七烈士林祥谦之墓”。微风呜咽，英雄沉睡在壮阔山河之中。清明节已过，依然不时有群众前来祭扫烈士墓，敬献上洁白的雏菊。

“有信仰，有正气，有纪律，克随性，有爱心，乐助人。”如今，林祥谦烈士的后人将他的精神浓缩成这样一则家训，并一代代传下去，教育子女，影响他人。

“每一个时代的人，都要有自己坚定的信仰。爷爷在那个年代，为了信仰选择了英勇就义；生于和平年代的我们，更要弘扬正气、为祖国建设添砖加瓦，让烈士的鲜血不白流，让烈士的精神永远传递下去。”林耀武说。

施洋
宁死不屈的劳工律师

施洋，湖北省竹山县人，生于1889年。1923年2月4日，京汉铁路工人举行总罢工，施洋是罢工的领导者之一。2月7日晚，施洋被反动军警逮捕。在敌人的法庭上，他怒斥军阀镇压工人运动的滔天罪行，以大无畏的革命气概压倒了敌人。2月15日英勇牺牲，时年34岁。

英烈语录

你们杀了一个施洋，还有千百个施洋！

——施洋

在武汉市武珞路繁华闹市地段，有一片宁静天地——施洋烈士陵园。

恰逢清明前后，不少市民前来瞻仰、纪念英烈，纪念碑前布满鲜花。拾级而上，大道两旁松柏林立，氛围庄严肃穆，施洋同志的塑像巍然耸立在广场中央。

站在施洋烈士纪念碑前，仿佛还能听到他在刑场上喊出的那句话：你们杀了一个施洋，还有千百个施洋！

施洋，湖北省竹山县人，生于1889年。1907年考入郧阳府立农业学堂学蚕科。课余时间他阅读进步书刊，苦苦寻找救国救民真理。1910年，施洋转入郧阳农业中学。1915年，就读于湖北私立法政专门学校，1917年毕业后与武汉法学界人士组织法政学会，主张律师要保障人权、伸张公理。

1919年五四运动爆发后，施洋以武汉律师公会副会长的名义，召开紧急会议，提议发通电，支持学生爱国行动，并深入学校，指导和推动学生的爱国斗争。

1920年秋，施洋在武汉参加了中国共产党早期组织成立的马克思学说研究会，阅读了《共产党宣言》等马列著作。同时，他还深入产业工人居住区，了解工人疾苦，参与创办工人夜校和工人子弟学校，宣传社会主义。1921年10月，他参加劳动组合书记部武汉分部工作，积极从事有计划的工人运动。1922年6月，施洋加入中国共产党。同年7月底，他指导汉阳铁厂取得罢工胜利，参与组建武汉工团联合会，并被聘请为该会法律顾问。

1923年2月4日，京汉铁路工人举行总罢工，施洋是罢工的领导者之一。他积极组织武汉工人和学生进行反对军阀吴佩孚的游行示威。2月7日晚，施洋被反动军警逮捕。在敌人的法庭上，施洋怒斥军阀镇压工人运动的滔天罪行，以大无畏的革命气概压倒了敌人。2月15日，中国共产党的优秀党员、劳动者的律师施洋英勇牺牲，时年34岁。

施洋故居在湖北省十堰市竹山县有两处，一处在麻家渡镇桂花树村施家湾，另一处在宝丰镇中心集镇上，新中国成立后竹山县人民政府将施洋烈士的母亲和妻子迁移到此。两处故居目前保存完好，已成为当地开展爱国主义和革命传统教育的重要基地。

在桂花树村施家湾，施氏家族世代“重道德修养，严情操品性”“扶正义，斥邪恶”“崇德向善”“清白传家”“忠勇报国”的家规家风，成了施氏后世子孙修身立业之本。

为传承弘扬以施洋烈士家族为主的好家规、好家风，多年来，当地还把“传承好家规好家风”教育活动纳入“十星级文明农户”创建内容，制作家规家训牌匾、壁画、宣传画，悬挂在农房墙面、农户门前及家中。家规家训如春风化雨，潜移默化中孕育出这里的良好家风、民风和村风。

如今，施洋的家乡竹山县脱贫攻坚正进入决战决胜阶段，施家湾的施家子弟们，正在脱贫致富的道路上奋力前进。施洋小学里，孩子们琅琅的读书声，给人无限的希望。

高君宇

『生如闪电之耀亮』

高君宇，生于1896年10月，1924年12月起任中共中央北方局委员。1925年3月5日在北京病逝，时年29岁。

英烈语录

> 我是宝剑，我是火花，我愿生如闪电之耀亮，我愿死如彗星之迅忽。
>
> ——高君宇

从太原市出发，往北百余公里就到了娄烦县静游镇峰岭底村，这里是中国共产党早期领导人、著名政治活动家高君宇的出生地，也是他 16 岁以前一直生活和学习的地方。

高君宇故居纪念馆坐落在峰岭底村东，依山而建，山上青松翠柏，迎接前来参观瞻仰的人们。纪念馆下院的中央，高君宇的全身铜像静静矗立，这位革命先驱身着长衫，手握书卷，尽显当年为共产主义事业奔走呼号的风貌。

1896 年 10 月，高君宇出生在当地一个有名望的大户人家。受父亲的影响，他思想活跃，接纳新生事物，向往变革与革命。

1916 年，高君宇考入北京大学，参加各种进步社团，广泛接触有进步思想的老师和学生，在北大崭露头角，成为学生领袖。1919 年参加并领导了五四运动，带领学生上街游行，火烧赵家楼，痛打章宗祥，组织各校罢课，发表革命文章。

十月革命的影响，五四运动的锤炼，使高君宇更加坚定了马克思主义信仰和共产主义信念，自觉担当起在中国大地传播马克思主义的重任。1920 年，他在李大钊的领导下发起组织马克思学说研究会，并在长辛店创办工人子弟学校，建立工人俱乐部和职工联合会，领导发动了北方早期的工人运动。1920 年冬，高君宇加入北京的共产党早期组织。

1921 年 7 月，中国共产党第一次全国代表大会在上海召开，高君宇是全国 50 余名党员之一。

1924 年夏天，高君宇回到山西筹建共产党组织。1924 年下半年南下广州担任孙中山先生秘书。1924 年底陪同孙中山北上，协助进行国民会议促成会的筹备工作。1924 年 12 月起任中共中央北方局委员。1925 年 3 月 5 日在北京病逝，时年 29 岁。

“我是宝剑，我是火花，我愿生如闪电之耀亮，我愿死如彗星之迅忽。”——这是高君宇写在自己照片上的一首言志诗，也是他短暂而光辉的一生的真实写照。

当地的文保工作者李国成发掘、研究高君宇英雄事迹已经 20 多年了。谈到这首革命诗歌，他动情地说：“伟大的信仰让高君宇充满力量，他因奔波不息积劳成疾，却不顾个人安危，随时准备为革命付出自己的生命。他如同闪电一般，划破旧世界的黑暗，悄然点亮中国的未来。”

如今，高君宇的故乡峰岭底村正全面推进美丽乡村建设，故居周边 43 户村民喜迁新居，村里的学校、纪念广场、文化大院等，或维修改造，或选址新建，都以崭新面貌呈现在山水环绕之间。峰岭底村党支部书记王旭珍告诉记者，多年来，一代英烈高君宇的事迹在娄烦县家喻户晓，君宇精神更是融入峰岭底村 3700 余名百姓心中。

2013 年 6 月，修复后的高君宇故居纪念馆正式对外开放，月均接待游客 3000 余人。2017 年，有七万余人前来参观，有许多单位选择在这里举行入党、入团仪式，进行党团员培训。学校也纷纷组织青少年学生来这里聆听英雄事迹，接受爱国主义教育。

“最近这些年，越来越多人前来瞻仰英烈高君宇，他是我们这儿的骄傲。”王旭珍说，一定要把君宇精神继承发扬下去，坚守理想信念，在各自平凡的岗位上不懈奋斗。

顾正红
在五卅运动中永生

顾正红，1905年出生在江苏阜宁（今属滨海）一个贫苦农家。1925年2月，上海22家日商纱厂工人先后举行罢工，顾正红参加了工人纠察队和罢工鼓动队，积极投身运动。5月15日顾正红被日本工头枪杀，年仅20岁。这一事件激起上海人民强烈义愤，成为五卅运动导火索。

英烈语录

工友们，大家团结起来，斗争到底！

——顾正红

坐北朝南的农舍，泥墙草屋，木质门窗。屋内为数不多的家当里，磨、碓臼、刀架、水缸等农具占了大部分。这是江苏盐城滨海县正红镇正红村的顾正红烈士故居，老房子、老物件都在静静诉说着顾正红的过去。

1925 年 5 月 30 日，震惊中外的五卅反帝爱国运动像火山一样燃遍整个上海，席卷全中国。而共产党员顾正红的壮烈牺牲，正是这场运动的导火线。

顾正红，1905 年出生在江苏阜宁（今属滨海）一个贫苦农家，幼时挖野菜、割牛草，青黄不接时讨过饭。1921 年家乡遇水灾，顾正红随母亲到上海，找到在一家小油厂做工的父亲，一家人在沪西一个贫民窟里住下。

顾正红曾在上海日商内外棉九厂、七厂当过工人。外国资本家对中国工人经济上的榨取、肉体上的摧残、政治上的压迫、精神上的折磨，在顾正红心里留下了深深的烙印。1924 年，他参加了中国共产党在上海创办的工人夜校和沪西工友俱乐部，并很快成为俱乐部积极分子。

1925 年 2 月，上海 22 家日商纱厂工人先后举行罢工，顾正红参加了工人纠察队和罢工鼓动队，积极投身运动。就在这场斗争中，他光荣地加入了中国共产党。

为应对不断高涨的工人运动，1925 年 5 月 15 日，日本资本家宣布内外棉七厂停工，不准工人进厂。顾正红率领工人冲进工厂要求复工和发工资，高呼“反对东洋人压迫工人”！

日本大班凶狠地朝顾正红开枪，子弹击中他的小腿，他忍着伤痛振臂高呼：“工友们，大家团结起来，斗争到底！”敌人再次开枪，击中他的小腹，他紧紧抓住身旁一棵小树，顽强挺立。刽子手又向他连开两枪，用刀猛砍其头部。顾正红，这位工人阶级的先锋战士、年轻的共产党员，在反帝爱国斗争中，为无产阶级解放事业献出了自己宝贵的生命。

在正红村，顾正红的事迹影响着一代又一代的人。顾正红的后人顾明兄告诉记者，他就是听着顾正红的故事长大的。顾正红的父亲总对子女强调，做人要正直勇敢，淡泊名利。“我们顾氏家族一直把这句话当作我们的祖训传承至今。”顾明兄说。

距离顾正红离世已经有 90 余年的时间，家乡的人民不曾忘记他。上世纪 70 年代，原正红人民公社在草屋东侧新建两间砖瓦房给烈士母亲居住。其母离世后，顾氏家族将看护其故居视为己任。近年来，由于雨水冲刷等原因，故居的泥土墙墙体破损、剥落，各级政府对故居进行 6 次修缮，花费 40 余万元。正红村村支部副书记樊虎说，村里每周会有固定人员去进行打扫、维护。

顾正红为民谋福祉，不惜牺牲自己的生命，这种精神深深感染着当地的百姓，当地村委和学校定期开展主题活动，学习烈士精神，让红色基因代代传承。作为“江苏省青少年德育教育基地”“盐城市爱国主义教育基地”，故居常常迎来祭拜烈士的人们。

李慰农

报国一生为工农

李慰农，原名李尔珍，1895 年出生于安徽省巢县（今巢湖市）一个贫苦农家。1925 年 7 月 26 日，李慰农在去小鲍岛召开秘密会议时被反动军警逮捕。29 日，李慰农在青岛团岛海滨的沙滩上被反动军警秘密杀害，时年 30 岁。

英烈语录

青岛的工人全是我的同党！

——李慰农

人间四月，在安徽巢湖之滨、浮槎山下的一片千亩桃园里，郁郁葱葱的油桃树已开始挂果。这里的油桃被注册为“慰农牌”，群众用这种方式来纪念他们心中的英雄——李慰农。

李慰农，原名李尔珍，1895 年出生于安徽省巢县（今巢湖市）一个贫苦农家。他自幼聪颖勤学，形成了朴素的“农业救国”思想，立志振兴农业、拯救农民。

1912 年，他考取安徽芜湖省立第二甲种农业学校。赴校前夕，特更名为“慰农”，寓意要以实际行动慰藉苦难的农民大众。1915 年夏以优异成绩毕业后，留校任农场管理员。在此期间，他接触到科学社会主义思想，认识到只有走十月革命的道路，中国才有希望。五四运动时期，李慰农成为芜湖学生运动的领袖人物，推动了爱国运动的发展。

1919 年，李慰农与蔡和森等 50 多人一起赴法勤工俭学。1922 年 6 月，李慰农和赵世炎、周恩来、陈延年、李维汉、王若飞等 18 人，在巴黎西郊召开中国少年共产党代表大会，正式成立了“旅欧中国少年共产党”，李慰农随后被批准转为中国共产党正式党员。1923 年，周恩来被选为旅欧总支部书记，李慰农为总支部成员。1923 年底，李慰农从法国转往苏联，进入莫斯科东方大学深造，参加中共旅莫支部的活动。

1925 年，李慰农奉党中央指示回国，被分配到山东工作，中共山东省委派他去青岛。他到任后，立即参加了全市党组织的领导工作。同年 4、5 月，青岛大康纱厂工人举行罢工。李慰农派党员去联络各厂工人举行联合大罢工，声援大康纱厂的罢工。6 天之内，参加罢工的人数达到 1.8 万余人。青岛的工人、学生及知识分子也群起声援。迫于强大的压力，大康资本家于5月9日与工人代表签订了9项复工条件。历时22天、闻名全国的青岛工人第一次联合大罢工取得了重大胜利。

5月29日，日本帝国主义勾结奉系军阀制造了“青岛惨案”。第二天，上海发生五卅惨案。李慰农组织了“胶济铁路总工会沪青后援会”，发动募捐，慰问罢工的阶级弟兄。7月26日，李慰农在去小鲍岛召开秘密会议时被反动军警逮捕。敌人逼他说出在青岛的“同党”，李慰农坦然地说：“青岛的工人全是我的同党！”29日，李慰农在青岛团岛海滨的沙滩上被反动军警秘密杀害，时年30岁。

“在家乡的时候，他的志向是让本地农民过上好日子。外出读书尤其是加入共产党之后，他的志向变成了让全中国的穷苦人过上好日子！”巢湖市庙岗乡党委原副书记王淦说，李慰农的精神和事迹是巢湖市庙岗乡党员干部“三会一课”、道德讲堂和中小学爱国主义教育的重要内容，当地准备修复李慰农故居并为其立碑，进一步弘扬英烈精神。

李慰农是在青岛为革命献身的第一位共产党人，青岛人民没有忘记他。1989年6月，青岛团市委在青岛建立了李慰农烈士雕像。如今，李慰农公园已经建设成具有鲜明主题特色的党建文化公园。

廖仲恺
一门忠烈扶助农工

廖仲恺（1877—1925），原名恩煦，号夷白，字仲恺，广东省惠阳县人，中国近代民主革命家、中国国民党左派领袖。1925 年 8 月，廖仲恺被国民党右派暗杀。

英烈语录

女勿悲，儿勿啼，阿爹去矣不言归。
欲要阿爹喜，阿女阿儿惜身体；
欲要阿爹乐，阿女阿儿勤苦学。
阿爹苦乐与前同，只欠从前一躯壳。
躯壳本是臭皮囊，百岁会当委沟壑。
人生最重是精神，精神日新德日新。
尚有一言须记取：留汝哀思事母亲。

——廖仲恺《诀醒女、承儿》

“‘人生最重是精神，精神日新德日新’，这是廖仲恺先生在狱中写给儿女的诀别诗《诀醒女、承儿》中的一句，我认为，这是廖仲恺精神内涵的一个重要体现。”在廖仲恺何香凝纪念馆，大学四年一直做兼职讲解员的90后大学生谢思婷正声情并茂地向参观者介绍。

廖仲恺何香凝纪念馆坐落在为追念廖仲恺先生而创办的“仲恺农工学校”院内，该学校已从中专学校发展为本科高校——仲恺农业工程学院。馆内收藏了中国民主革命先驱廖仲恺何香凝夫妇及其儿女廖承志和廖梦醒一家两代人为中华民族复兴前仆后继的珍贵史料。

廖仲恺（1877—1925），原名恩煦，号夷白，字仲恺，广东省惠阳县人，中国近代民主革命家、中国国民党左派领袖。

1903年，廖仲恺与夫人何香凝东渡日本留学，寻求救国救民的道路。两人在日本东京结识了伟大的民主革命先驱孙中山，从此坚定追随孙中山，投身民主革命洪流。

1905年，廖仲恺夫妇协助孙中山建立了中国同盟会，廖仲恺担任同盟会总部的副会计长和外务部副部长。两人在东京的家，也成为孙中山等革命党人的联络站和集会场所。

1922 年 8 月，孙中山先后会见了共产党领导人李大钊和苏俄使节越飞的代表，决心联俄联共，接受改组国民党的建议。廖仲恺两次奉命前往日本与越飞会谈，在国民党改组进程中发挥了至关重要的作用。

1923 年 2 月，在孙中山返回广州复任中华民国陆海军大元帅后，廖仲恺先后担任大本营财政部长和广东省省长等要职，全力协助孙中山进行国民党改组工作。

1924 年 1 月，中国国民党第一次全国代表大会在广州召开。会后，廖仲恺任中央执行委员会委员并兼任中央党部工人部部长和农民部部长，2 月又被任命为黄埔军校筹备委员会代理委员长。

国民党一大后，国民革命运动在全国蓬勃兴起。廖仲恺非常重视中国共产党及其领导的工农运动在国民革命中的作用，他与共产党真诚合作，忠实执行“扶助农工”政策，积极支持工农运动。

1925 年 3 月孙中山逝世后，廖仲恺坚定维护“联俄、联共、扶助农工”三大革命政策，维护国共团结和国民党的革命方向，成为孙中山逝世后国民党左派的核心和旗帜。他也因此被国民党右派视为夺取党权、拆散国共合作的重大障碍。

1925 年 8 月 20 日，廖仲恺在前往参加国民党中央执委会会议途中，被国民党右派豢养的暴徒刺杀于中央党部楼前。9 月 1 日，国民政府为他举行国葬，广州的黄埔军校师生、工人、农民、市民群众等 20 多万人前往悼念。

壮志未酬身先死，廖仲恺以他的壮年生命，为中国民主革命立下了不朽的功勋。周恩来曾赞誉他是国民党之重心、“工农运动和反帝国主义运动的积极领袖”，高度评价他“一生苦斗，革命为党，牺牲为国”的崇高革命精神。

在廖仲恺的革命生涯中，何香凝始终给予其坚定的支持。她曾作《赠别》诗为丈夫壮行："国仇未复心难死，忍作寻常泣别声。劝君莫惜头颅贵，留得中华史上名。"廖仲恺遇害后，何香凝强忍悲痛继承丈夫未竟的事业，为巩固革命统一战线而继续奋斗。

在父母的教育和熏陶下，廖承志和廖梦醒在青年时代就投身革命。廖承志参加过长征，经历了抗日战争和解放战争，多次身陷囹圄而矢志不渝，逐渐成长为党和国家的优秀领导人。廖梦醒从抗战时期起担任宋庆龄的秘书，长期战斗在特殊战线上。

今天，当我们回溯历史，依然会被这一门忠烈前仆后继、向死而生的爱国情怀和事迹所打动。廖仲恺何香凝纪念馆馆长蔡瑞燕说，英烈的生平事迹和精神品质，本身就是优秀传统文化的精髓，具有极大的生命力，不因时代的变化而褪色，真正了解，就会受感染。

2017 年，仲恺农业工程学院在 90 周年校庆时，将何香凝当年的办学思想和理念"注重实践，扶助农工"确定为新校训，教育师生继承廖仲恺、何香凝为民族复兴奋斗不息的革命精神，务实笃行，服务社会，情系农工，立志报国，为贯彻落实乡村振兴战略而奋斗。

王尽美

三首小诗与 27 年人生

王尽美，原名王瑞俊。中国共产党的创始人之一、山东党组织早期的组织者和领导者。1922 年 7 月中旬赴上海参加中国共产党第二次代表大会。1922 年 11 月，领导建立秦皇岛地区第一个党小组。1924 年 10 月曾染肺结核但仍忘我地为革命奔波。1925 年 4 月病情恶化，后于 8 月 19 日与世长辞。

英烈语录

> 贫富阶级见疆场，尽善尽美唯解放。
> 潍水泥沙统入海，乔有麓下看沧桑。
>
> ——王尽美《肇在造化——赠友人》

1925 年 8 月，青岛。病榻上的青年，面貌英挺、身材清癯，却已是病入膏肓。他想说话却不时被剧烈的咳嗽打断，咳出来的是一口口鲜血。前来探视的同道友好，见到这一幕不禁潸然泪下。

青年并不讨论自己的病情。在弥留之际，他向身边的同志留下遗嘱："希望全体同志好好工作，为无产阶级及全人类的解放和为共产主义的彻底实现而奋斗到底。"

他就是王尽美，中国共产党的创始人之一、山东党组织早期的组织者和领导者。

2018 年是王尽美诞生 120 周年，但他生命的刻度永远停在了 27 岁。他是中共一大代表中最早辞世的一位。

"沉浮谁主问苍茫，古往今来一战场。潍水泥沙挟入海，铮铮乔有看沧桑。"这是王尽美写于 1918 年的一首小诗。那一年他刚满 20 岁，刚刚在家乡考取了山东省立第一师范学校。

青年人的笔下，没有"春风得意马蹄疾"的欢畅，没有"金榜题名时"的自得。唯有对时代的冷眼相观，在胸中郁结起一股热血豪气。彼时中华，国虽泱泱，萎靡倾颓，列强斜睨。这一年，国门之外，硝烟漫漫，重新瓜分世界的第一次世界大战临近尾声。这一年，国门之内，枪声四起，争权夺利鱼肉百姓的军阀混战仍难见休止。

王尽美在泉城求学期间，积极投身五四爱国运动，被推举为山东学生联合会负责人之一。1920 年 3 月，北京大学马克思学说研究会成立后，他被发展为外埠会员。同年 11 月，他与邓恩铭等发起成立励新学会，创办《励新》半月刊。这份半月刊积极宣传新思想、新文化，刊载了诸多有关社会改造的文章，抨击时弊，启发青年觉悟。

“贫富阶级见疆场，尽善尽美唯解放。潍水泥沙统入海，乔有麓下看沧桑。”这是王尽美最为著名的《肇在造化——赠友人》。王尽美，原名王瑞俊。1921年在写下这首短诗后，他便将“尽美”变作自己的名字，来彰显自己的志向与主义。那就是为全人类实现尽善尽美的社会理想。

也是在这一年，他与邓恩铭作为济南中国共产党早期组织的代表，赴上海参加了中国共产党第一次代表大会。多年以后，中国走出历史阴霾的道路探索，都会追溯到这次非凡的会议。对王尽美来说，在这里他遇到了一大批志同道合的同志，彼此留下了深刻印象。

沪上归来的王尽美，转身投入了波澜壮阔的革命运动。在中共中央代表的指导下，他在山东建立中国共产党山东区支部，担任书记。1922年1月，他赴莫斯科参加远东各国共产党及民族革命团体第一次代表大会。同年7月，他再赴上海出席党的二大。他所参与起草的《劳动法大纲》，成为这一时期党指导工人运动的纲领。

山海关、秦皇岛、广州、天津、济南、青岛、青州、潍县……王尽美四处往来奔波，为民族振兴、人民觉醒贡献着光与热。长期的忘我工作与艰苦生活，让他患上了严重的结核病。即便如此，他依然抱病组织领导胶济铁路全线、四方机厂工人大罢工等，直至在工作的最前线溘然而逝。

“四十年前会上逢，南湖舟泛语从容。济南名士知多少，君与恩铭不老松。”1961年，同为中共一大代表的董必武挥笔写下了这首《忆王尽美同志》，追忆英年早逝的革命战友。

斯人已逝，英魂长存。在王尽美的家乡，今天的山东省诸城市，一座王尽美烈士纪念馆承载着当地百姓对他的思念与牵挂。王尽美的红色基因被一代代后人所继承，他的儿子、孙子、曾孙都先后紧随他的足迹加入了中国共产党，在一条光明、正确的道路上继续不息地奋斗向前。

刘华

舍生取义为劳工

刘华，原名刘炽荣，字剑华，四川省宜宾县泥溪镇陈车沱（现新泥村）人，1899年9月10日出生。他是早期中国工人运动杰出领袖、“五卅运动”时期著名烈士。

英烈语录

无产阶级的解放事业，成了我血肉相连的生命，一刻也不离开。

——刘华

四川省宜宾县烈士陵园纪念堂每年都迎来上万名干部群众自发前来缅怀先烈。早期中国工人运动杰出领袖、“五卅运动”时期著名烈士刘华的英雄事迹陈列其中。

刘华，原名刘炽荣，字剑华，四川省宜宾县泥溪镇陈车沱（现新泥村）人，1899年9月10日出生。1923年8月，刘华进入上海大学附中半工半读，当时上海大学由中国共产党参与创办。在校期间刘华如饥似渴地学习新思想、新知识，探索马列主义真理。在邓中夏、瞿秋白等人的教育和引领下，同年11月刘华加入了中国共产党。

1925年2月9日，为抗议上海日本纱厂无故开除40余名工人，拘捕4名工人代表的恶劣行径，上海4万余名工人在中国共产党的领导下第一次举起反帝国主义的大旗，发动了震惊中外的“二月罢工”。刘华是这次罢工的前沿总指挥之一，他与工人同吃同住，写标语、印传单，募集捐款，组织宣传演讲，鼓动工人参加罢工。最终，在全国各界的声援下，不可一世的日本资本家与工人谈判并签约，罢工运动取得胜利。

“二月罢工”的胜利，不仅锻炼了上海工人的战斗能力，也使刘华声名鹊起。随后，他被工人拥戴为上海日本纱厂工会委员长。5月1日，在广州召开的第二次全国劳动大会上，刘华又被选为中华全国总工会执行委员。

1925年三四月间，日商纱厂资本家破坏“二月罢工”复工协议的事件不断发生。5月15日，顾正红带领工人据理力争合法权益，反对日商关厂的阴谋，然而该厂竟开枪屠杀工人，制造了“顾正红惨案”。顾正红的牺牲也成了“五卅运动”的直接导火线。

5月30日，上海2000余名青年学生、工农大会在租界内散发传单、发表演说，高呼“打倒帝国主义”等口号，遭遇英国巡捕开枪射击，打死打伤我中华同胞，由此酿成震惊中外的“五卅惨案”。

“五卅惨案”发生当晚，中共中央在上海开会，决定组织行动委员会，建立各阶级反帝统一战线，发动全上海罢市、罢工、罢课。同时，决定公开上海总工会组织，刘华任副委员长兼第四办事处主任。

大罢工在上海坚持了三个月之久，参与者仅以产业工人计即达22万人以上。刘华为了组织和领导上海工人，“废寝忘食、积劳成疾、几至不起”，肺病日重。

9月，帝国主义和北洋军阀政府联合，加紧镇压“五卅运动”。11月29日，面对险恶形势，刘华不顾病体，在前往南市公共体育场参加群众大会时被捕，之后党组织多方设法营救未果。12月17日，刘华遭“秘密枪决，灭尸不宣”，牺牲时年仅26岁。

刘华牺牲的第三天，上海总工会向全国发表通电，要求全国工人悼念“我们最亲爱最勇敢的领袖”，“踏着我们领袖的血，继续奋斗！”12月30日，中共中央机关报《向导》周报在头条用醒目标题刊出《悼刘华同志》，盛赞“刘华同志及其他积极奋斗的战士，领导全中国的劳动群众向帝国主义和军阀示威，造成了这半年来轰轰烈烈的五卅运动”，并称刘华是“真正的共产党员”。

刘华烈士牺牲已经90余年，但他舍生取义的精神激励着中华儿女为实现崇高理想而努力奋斗。刘华昔日家乡泥溪镇如今风景如画，百姓生活富足，成了宜宾县岷江蔬菜产业园核心区之一。2017年底，全镇GDP达到4.3亿元，实现工业增加值5828万元，农民人均年纯收入达到1.47万元。

张伯简
矢志不渝的马克思主义传播者

张伯简，1898年生于云南省剑川县，白族。1926年8月，张伯简参加省港大罢工，领导群众开展斗争，因积劳成疾，不幸在广州病逝，年仅28岁。

英烈语录

伯简现在和将来，都要从事民族革命工作，生活早东暮西，实无法顾及家庭。

——张伯简

在云南省大理白族自治州剑川古城内，白族民居错落有致，古色古香的石板路穿城而过，通达古城中心剑阳楼。剑阳楼往南不到 200 米，有一栋庄严肃穆的二层小楼——张伯简纪念馆。

2017 年，剑川县决定把张伯简革命史实陈列室搬迁到这栋小楼内，并更名为张伯简纪念馆。受当时条件限制，1987 年投入使用的陈列室设在剑川县景风公园的一间老房子里，面积不到 50 平方米。“陈列室虽简陋，但每年清明节，前来缅怀革命先烈的人不少。”在陈列室工作了 8 年的张丽萍介绍，张伯简纪念馆开馆后能够更好地弘扬革命精神，传承红色基因。

张伯简，1898 年生于云南省剑川县，白族，早年曾入滇军。1919 年，五四运动爆发，革命风暴席卷全国，为追求真理，他辞去滇军中的军需官职务，远渡重洋，赴法国勤工俭学。

在法国期间，张伯简参加了由赵世炎、李立三等人组织的“劳动协会”的活动和法、德两国工人运动，在斗争实践中逐渐接受了马克思主义。1921 年冬在德国柏林加入共产党。

张伯简忘我地投入到无产阶级的革命浪潮中。1922 年，他与周恩来、赵世炎等人在巴黎共同创建了“旅欧中国少年共产党”，被选为组织委员。他身在异域，却时刻关心家乡的革命，写信给云南学联，鼓励青年学生学习马克思主义。同年秋，张伯简进入莫斯科东方大学，系统地学习了马克思主义理论，成长为一个具有较高理论水平，又有实际斗争经验的马克思主义者。

1924 年，张伯简回到阔别五年的祖国，在上海和京汉铁路从事革命活动，继而从事党的宣传工作，任中共中央出版部首任书记，负责过党刊《向导》和《中国青年》的编辑发行工作，为马克思主义在中国的传播作出了贡献。

他从上海给故乡亲人的信中说：“甫至上海，即为团体工作羁滞，责任所在，义不容辞。”“伯简现在和将来，都要从事民族革命工作，生活早东暮西，实无法顾及家庭。”

1925 年 1 月，在中国社会主义青年团第三次全国代表大会上，张伯简被选为团中央候补委员，代理团中央农工部主任。1925 年秋奉调广州，担任中共广东区执行委员会委员、军委书记等领导工作。

在艰苦的革命斗争中，张伯简还努力研究马克思主义理论，翻译介绍马克思主义学说。他编纂的《社会进化简史》一书，言简意赅，通俗易懂，是我国较早用历史唯物主义原理阐述人类社会发展史的理论著作，在早期马克思主义的宣传中起了重要作用。1926 年毛泽东在广州举办农民运动讲习所时，该书被列为学生的课外读物。抗日战争时期，毛泽东曾将此书作为学习唯物史观和社会发展史的书目予以推荐。

1926 年 8 月，张伯简参加省港大罢工，领导群众开展斗争，因积劳成疾，不幸在广州病逝，年仅 28 岁。

张伯简牺牲 90 余年后，他的家乡剑川县发生了很大变化。如今，剑川县把握稳中求进工作总基调，坚持以脱贫攻坚统揽经济社会发展全局，以“五网”建设打牢跨越发展基础，以全域旅游带动产业转型升级，统筹推进城乡协调发展、民族团结进步和生态文明建设，努力闯出一条跨越式发展的新路子，确保与全国同步全面建成小康社会。

曹渊

『模范的革命军人』

曹渊，原名俊宽，字溥泉。1924年，曹渊考入黄埔军校第一期，入学后加入中国共产党。1926年5月，曹渊被派遣到叶挺独立团任第一营营长。9月5日凌晨，曹渊率一营登城与敌军肉搏，头部中弹牺牲，年仅24岁。

英烈语录

（曹渊）为谋国家之独立，人民之解放而英勇牺牲了，这是非常光荣的。

——周恩来

小甸镇，安徽省寿县东南部的这个小镇看似并不起眼，但它是安徽省第一个农村党组织诞生地。镇东一处园林式建筑非常醒目，园内高耸的“寿县革命烈士纪念塔”是小镇的标志性建筑，每年吸引大量游客、师生、党员干部前往瞻仰、参观和学习。革命烈士曹渊的纪念墓也在其中。

曹渊，原名俊宽，字溥泉。1920 年，曹渊考入安徽芜湖工读学校，被推选为校学生代表，参加安徽芜湖学联并成为领导成员之一。1921 年，因参加声援安庆“六二”惨案，被校方勒令退学。同年秋，考入安徽芜湖公立职业学校，被选为校学生会主席。1922 年秋，因为该校校长与学监对学生健康漠不关心，致使一名学生死亡，曹渊带头参加斗争，被校董事会开除学籍。

1924 年，曹渊考入黄埔军校第一期，入学后加入中国共产党。同年 11 月，以优异成绩毕业，被派到黄埔军校教导团学兵连任党代表。1925 年部分黄埔军校教职员和学生成立了“中国青年军人联合会”，曹渊是该会的骨干分子。2 月初，曹渊率领学生连参加讨伐陈炯明的第一次东征，其“神勇”表现受到党代表廖仲恺的赞扬。6 月，曹渊调任一团三营八连连长，在讨伐杨希闵、刘震寰叛乱的龙眼洞战斗中，曹渊率兵迂回敌后袭击成功，一举夺取胜利。第二次东征战斗中，奉命为团预备队，击溃数倍于己的敌人，挺进潮汕。后因功晋升为第一军第三师九团一营营长。

1926 年 5 月，曹渊被派遣到叶挺独立团任第一营营长。6 月 2 日，叶挺独立团被敌军围困，曹渊率一营支援，当夜赶到黄茅铺投入战斗。次日凌晨全团全线反击，击败敌军六个团，又乘胜追击占领攸县，取得北伐战争中第一次大捷。进军龙山铺途中，一营被敌援兵两个团包围，曹渊集中全营火力，在当地农民协会的支援下，击溃敌军并占领醴陵城，又连下浏阳、株洲。8 月 19 日，一营作为前卫，协同友军攻下平江。

吴佩孚为了阻挡北伐军的前进，拼凑 2 万余人，亲自部署防御汀泗桥，并组成千余人敢死队攻到北伐军第四军军部附近，叶挺派曹渊率部支援。一营经过连续冲杀，将敌军的敢死队击溃，军部转危为安，曹渊和一营受到传令嘉奖。8 月 27 日，叶挺独立团占领汀泗桥。

8 月 30 日，在攻打贺胜桥战斗中，曹渊指挥一营救出身负重伤的二营营长许继慎，并组织一、二营官兵与敌军争夺贺胜桥头阵地，打败吴佩孚亲自指挥的敌军主力，打开了通往武汉的最后一道大门——贺胜桥。

9 月 1 日，各路北伐大军云集武昌城下，曹渊率一营为突击前锋，全营大部分官兵临战前均留下家书，表示誓与敌人决一死战的决心。9 月 5 日凌晨，曹渊率一营冒着城头弹火竖起云梯，登城与敌军肉搏，大部分官兵壮烈牺牲，仅剩 10 余人。在这场战斗中，曹渊头部中弹牺牲，年仅 24 岁。

曹渊等烈士的牺牲精神激励着独立团广大指战员。10 月 10 日，武昌城终被占领。战后，独立团党支部决定在洪山建墓，将攻城以来各次战斗中牺牲的官兵与曹渊合葬。墓的前面竖立了一个碑坊，上面横额刻着“浩气长存”四个大字。墓前竖立一个墓碑，碑上横刻“精神不死”四字，中刻“国民革命军第四军独立团北伐攻城阵亡官兵诸烈士墓”，左边刻曹渊等 191 位烈士英名，右边刻“先烈之血”“主义之花”“诸烈士的血铸成了铁军的荣誉”“无产阶级的牺牲者”四句话。

周恩来赞扬他“为谋国家之独立，人民之解放而英勇牺牲了，这是非常光荣的”。叶挺称他是“模范的革命军人，且是我最好的同志”。

新中国成立后，曹渊被追认为革命烈士，编入《中华英烈传》。在其家乡安徽寿县小甸镇，还设有寿县革命烈士陵园，曹渊的照片及光辉事迹陈列于陵园烈士事迹陈列室。

安徽寿县小甸镇宣传委员曹玉飞是曹渊烈士的第四代亲属，谈到先人的英勇往事，曹玉飞仍然很感慨，每年清明的定期祭拜是对先人最深的缅怀，“最敬佩他能坚定自己理想信念的精神，舍小家顾大家。这些始终激励着我们成长和投身党的事业”。

陈赞贤
江西工人运动先驱

陈赞贤是中共早期的著名工人运动领袖之一，1896 年生于江西省南康县（现为南康区）。1927 年，陈赞贤遭国民党反动军队逮捕，壮烈牺牲，年仅 31 岁。

英烈语录

头可断，血可流，解散工会的字我不签！

——陈赞贤

位于江西省赣州市南康区的东山公园内，一座墓碑坐落亭中，背倚青山，庄严肃立。拾级而上，只见亭上刻着“鞠躬尽瘁千秋仰，取义成仁万载传”，无声传递着后人对革命先烈陈赞贤的深切缅怀和崇高敬意。

陈赞贤是中共早期的著名工人运动领袖之一，1896 年生于江西省南康县（现为南康区）一个农民家庭，早年投笔从戎，参加革命活动。

1925 年，陈赞贤加入中国共产党，1926 年被党组织派到广东南雄任总工会委员长。不久，又被党组织派往国民革命军第二军第五师政治部任宣传科科长。

1926 年 7 月，北伐战争开始，陈赞贤受党组织派遣，回到江西赣州领导工农运动。在陈赞贤等共产党员的领导下，成立了中共赣州特别支部，他任支部书记，同时兼任国民党赣南党务及十七县工农运动指导员。在中共赣州特别支部领导下，赣南各县相继建立了党的组织，发展党员，宣传革命道理，推动工农运动，声援北伐战争。

1926 年 11 月，赣州总工会成立，陈赞贤当选为总工会委员长。赣州总工会一成立，立即发动全市工人开展以保障职业、增加工资、改善待遇、实行八小时工作制为中心内容的斗争。为了推动罢工运动继续高涨，在总工会领导下，又举行了全市钱业店员的大罢工并取得胜利。这是赣州历史上第一次由中国共产党领导的大罢工。彼时，工人运动开展得轰轰烈烈，素有“一广州、二赣州”之称。

然而，赣州工人运动的蓬勃发展引起了地方反动势力和国民党右派的恐慌与仇视，他们勾结起来企图扑灭工农运动的熊熊之火，大革命的形势开始逆转，白色恐怖已经迫在眉睫。

1927年3月6日，进驻赣州的国民党反动军队以所谓“制造阶级斗争”“扰乱治安”“破坏社会秩序”等罪名逮捕了陈赞贤。敌人逼陈赞贤签字解散总工会，停止工农运动。陈赞贤斩钉截铁地说：“头可断，血可流，解散工会的字我不签！”“我从事工农运动，何罪之有？你们镇压民众，破坏革命，才是大罪弥天！”国民党反动军官手拿着蒋介石的密令，恶狠狠地说：“蒋总司令有令在此，今晚要枪毙你！”说完，反动军官及十几个刽子手同时开枪射击，陈赞贤身中18弹，高呼：“打倒新军阀！”“工会万岁！”“中国共产党万岁！”壮烈牺牲，时年31岁。

“千秋青史永留红，百代难忘正学功。”在陈赞贤的重孙陈金金看来，曾祖父的一生，是热爱祖国、追求真理、艰苦奋斗、全心全意为人民服务的一生，是为中国人民解放事业无私奉献的一生，是为共产主义事业英勇奋斗的一生。“在短暂的一生中，他对共产主义事业的耿耿丹心和为实现共产主义所表现出的铮铮铁骨，集中地体现了中华民族百折不挠、自强不息的民族精神，是我学习的楷模。”他说。

陈赞贤1918年在南康创办了东山高等小学，如今更名为东山中心小学。绿树掩映下的东山中心小学干净整洁，走进校园，耳边传来阵阵读书声。校园内竖有一尊陈赞贤塑像，后面墙上刻有“弘扬赞贤精神，培养时代英才”几个大字。一直以来，弘扬“胸怀大志、追求真理、爱国爱民、勤俭奉公、无私无畏、敢为人先”的赞贤精神，是这所学校德育教育的一项重要内容，也是南康人坚定遵循的信念。

“从小就听村里的长辈们说起过爷爷的革命故事，知道他为人民的解放作出了很多贡献。作为他的后代，更要弘扬他的精神，老实做人，真诚做事。”陈赞贤的孙子陈定华告诉记者，高中毕业后，他自学成才，学会了修自行车、摩托车和小汽车，还学会了加工粮食。通过辛勤劳动，陈定华家里盖起了两栋红砖房，日子正越过越好。

李大钊

中国共产主义运动先驱

李大钊，字守常，河北省乐亭县人，生于1889年10月29日。1920年10月，在李大钊发起下，北京的中国共产党早期组织建立。1926年3月，他领导并亲自参加了反对日、英帝国主义和反对军阀张作霖、吴佩孚的斗争。1927年4月6日，奉系军阀张作霖勾结帝国主义，逮捕了李大钊等80余人。4月28日，军阀将李大钊等20位革命者绞杀在北京西交民巷京师看守所内。时年38岁。

英烈语录

大凡新命之诞生，新运之创造，必经一番苦痛为之代价。

——李大钊

“壮别天涯未许愁，尽将离恨付东流。何当痛饮黄龙府，高筑神州风雨楼……”在河北乐亭县的清平书社，悠扬的三弦琴声伴随着悦耳的大鼓声，李大钊的故事再一次被鼓书艺人唱诵。

“我唱了一辈子乐亭大鼓，很多是歌颂英雄、才子佳人的曲目。但其中，我最喜欢唱的就是李大钊。他是中国共产主义运动的先驱，也是我们乐亭人。”大鼓艺人戴丽艳说。

在河北唐山乐亭县，记者随处都可以见到“大钊精神”的痕迹。马路两旁的宣传栏里歌颂着他的事迹、展示着他的图像；在李大钊纪念馆，不同年龄层的市民们利用节假日主动来这里接受爱国主义教育；孩子们玩耍时细数当代英雄，李大钊永远是他们最初的选择。

李大钊，字守常，河北省乐亭县人，生于1889年10月29日。1907年考入天津北洋法政专门学校学习政治经济。1913年冬，他东渡日本，考入东京早稻田大学政治本科学习。

当日本帝国主义向袁世凯提出灭亡中国的“二十一条”后，他积极参加留日学生总会的爱国斗争，起草的《警告全国父老书》迅速传遍全国，李大钊也因此成为举国闻名的爱国志士。

1916年李大钊回国后，积极参与正在兴起的新文化运动。俄国十月革命的胜利极大地鼓舞和启发了李大钊，他先后发表了《法俄革命之比较观》《庶民的胜利》《布尔什维主义的胜利》等文章和演说。1919年，他又发表了《新纪元》《我的马克思主义观》《再论问题与主义》等几十篇宣传马克思主义的文章。

1920年3月，李大钊在北京大学发起组织马克思学说研究会。10月，在李大钊发起下，北京的中国共产党早期组织建立。1921 年中国共产党成立后，李大钊代表党中央指导北方的工作。1926 年 3 月，李大钊领导并亲自参加了反对日、英帝国主义和反对军阀张作霖、吴佩孚的斗争。在极端危险和困难的情况下，继续领导党的北方组织坚持革命斗争。

1927 年 4 月 6 日，奉系军阀张作霖勾结帝国主义，闯进苏联大使馆驻地，逮捕了李大钊等 80 余人。李大钊备受酷刑，在监狱中，在法庭上，始终大义凛然，坚贞不屈。4 月 28 日，军阀不顾广大人民群众和社会舆论的强烈反对和谴责，悍然将李大钊等 20 位革命者绞杀在北京西交民巷京师看守所内。李大钊第一个走上绞架，从容就义，时年 38 岁。

在纪念馆内，李大钊的铜像威严肃穆，不时有民众过去献花并默默瞻仰。雕塑下方石台的背面，刻写着碑文：李大钊同志是中国最早的马克思主义者和共产主义者，是中国共产党的主要创始人之一。他对中国人民的解放事业，对马克思主义的信仰和无产阶级的革命前途无限忠诚。他为在我国开创和发展共产主义运动的大无畏的献身精神，永远是一切革命者的光辉典范。

孙炳文

革命锐志留佳话

孙炳文，四川南溪人，1885 年生。1908 年考入京师大学堂，在校期间接受了资产阶级民主革命思想，加入同盟会。1922 年加入中国共产党。1927 年 4 月 16 日，孙炳文在取道上海前往武汉工作时，因叛徒告密而被逮捕。4 月 20 日，孙炳文在上海龙华被敌人杀害，时年仅 42 岁。

英烈挽歌

对敌人是嫉恶如仇，有灭此朝食之概；对同志是爱护备至，情同手足之感。

——朱德

在宜宾市这座长江边的城市里，人们说起英烈，总是会提到朱德和孙炳文：一位曾经在南溪居住过数年，一位则是土生土长的南溪人。两人的友谊也在近代革命史上留下一段佳话。

1885 年，孙炳文出生在南溪城郊魏家山的一个农民家庭。家境贫穷的他，一直靠亲戚资助才能读上书，所以格外珍惜学习的机会。1908 年，孙炳文考入京师大学堂（现北京大学的前身）。在校期间，孙炳文不仅学习成绩十分优异，还接受了资产阶级民主革命思想，加入同盟会。

在革命信念的驱使下，孙炳文以笔为矛，致力于国民革命。他经常出席同盟会的各种会议，撰写宣言、文件和来往函电，积极开展活动。在南北议和、革命失败后，孙炳文被推任《民国日报》总编辑。他的文章犀利深刻，极富鼓动性，深受读者欢迎。后来，因经常撰文痛斥袁世凯篡国复辟的罪行，孙炳文遭到北洋政府通缉，只得带着妻子返回老家南溪。

回南溪后，孙炳文抱着“读书救国，教育兴邦”的想法，积极投入教育事业，但诸多挫折令他深感壮志难酬。1917 年，孙炳文经人介绍和时任滇军将领的朱德相识。两人发现彼此理想志向相同，都有相见恨晚的感觉，成为莫逆之交。1918 年，孙炳文投笔从戎，应邀到朱德旅部协理军政事务。

俄国十月革命和中国的五四运动后，孙炳文与朱德共同组织了学习小组，阅读和介绍革命进步书刊，深感依靠军阀振兴不了国政。1921 年，中国共产党成立，当时已经离开军队的孙炳文听闻后，萌生了出国留学、寻求救国救民真理的想法。

1922 年 9 月，孙炳文与朱德一同登上邮轮，从上海前往法国巴黎。10

月下旬，两人在柏林当面向周恩来陈述要求加入中国共产党的愿望。周恩来深为感动，介绍和帮助两人加入中国共产党。从此，孙炳文的政治生命开始了新的起点。

1925年，以五卅运动为起点，掀起了大革命高潮。革命形势的迅速发展，急需大批革命骨干力量，中共中央号召旅欧党员回国参加革命。孙炳文于同年秋回国，先到北京，年底到革命的中心广州，任国民革命军政治部秘书、黄埔军校和广东大学教授。

1926年6月，孙炳文调任国民革命军总政治部秘书长，与周恩来、郭沫若、邓演达等人工作交往密切。同年7月，北伐战争开始后，他任国民革命军总政治部后方留守处主任，一方面负责领导粤、桂及闽南工作，另一方面负责筹备经费、枪械、医药和补充战斗人员、训练骨干的工作。

1927年春，蒋介石加紧反共步伐，阴谋发动反革命政变。4月6日，孙炳文在黄埔军校的演讲中予以坚决揭露。4月16日，孙炳文在取道上海前往武汉工作时，因叛徒告密而被逮捕。敌人对孙炳文诱以高官厚禄，遭到他的痛斥和严正拒绝。4月20日，孙炳文在上海龙华被敌人杀害，时年仅42岁。

孙炳文遇难后，朱德闻讯十分悲痛。1945年中共七大召开期间，朱德亲自撰文纪念孙炳文，称赞他是“革命意志坚强”的“无产阶级的战士”。

“对敌人是嫉恶如仇，有灭此朝食之概；对同志是爱护备至，情同手足之感。”坚定的革命意志与高尚的品格，让孙炳文烈士为后人铭记。家乡南溪区的红色旅游规划中，孙炳文纪念馆正在新建，预计2020年竣工，届时将会和朱德旧居陈列馆、朱德纪念馆等一起供市民、游客瞻仰。

杨闇公

头可断，志不可夺！

杨闇公（1898—1927），名尚述、尚达，字闇公。他是中国共产主义运动的先驱者之一，中国共产党四川早期组织的创建者和卓越领导人，还是第一次国共合作在四川的开拓者。

英烈语录

你们只能砍下我的头，可绝不能丝毫动摇我的信仰。我的头可断，志不可夺！

——杨闇公

在重庆潼南区西北部，有一座建于清初的古镇，镇内山清水秀，猴溪、浮溪环绕，故取名双江。令双江闻名遐迩的，不仅是它400年的沧桑历史，还有这块土地上孕育的“人杰”——中共重庆地方执行委员会书记杨闇公烈士的故里就在这里。

1898年3月10日，杨闇公出生于双江镇邮政局大院。大院见证了杨闇公少年时期的成长。

杨闇公（1898—1927），名尚述、尚达，字闇公。他是中国共产主义运动的先驱者之一，中国共产党四川早期组织的创建者和卓越领导人，还是第一次国共合作在四川的开拓者。

童年的杨闇公就读私塾，1913年在兄长杨剑秋和杨宝民的支持下，进入南京军官教导团学习军事，后入江苏军官教导团。1915年参加反对袁世凯的革命活动，1916年秘密到江阴炮台策动官兵起义，反对袁世凯窃国称帝，事泄未成，遭到军阀搜捕。

1917年，杨闇公东渡日本求学，在日期间，他参与组织留日同学读书会，学习进步理论，曾被日本当局拘留。1919年，为声援国内五四运动，组织留日同学与爱国华侨到中国驻日公使馆门前请愿示威，抗议巴黎和会决议，在与前来镇压的日本宪警搏斗中被捕，身陷囹圄8个月。

1920年，杨闇公回国返川，两年后加入中国社会主义青年团。1924年6月前往上海，寻求党的指导。7月回重庆参加社会主义青年团重庆地方委员会的领导工作，任组织部长，后任书记。1925年春加入中国共产党。

1926年2月，经党中央批准，杨闇公领导成立中共重庆地方执行委员会，当选为书记。同年 10 月，他与朱德、刘伯承等组成中共重庆地委军事委员会，兼任军委书记。参与策划顺（庆）、泸（州）起义，在四川建立了共产党领导的革命武装。

1927 年重庆国民党反动派发动三三一惨案，杨闇公不幸被捕，反动派对他威逼利诱、残酷折磨，但他大义凛然，宁死不屈。敌人以死威胁："难道你不怕死吗？"他回答道："你们只能砍下我的头，可绝不能丝毫动摇我的信仰。我的头可断，志不可夺！"

1927 年 4 月 6 日，杨闇公被反动军阀割舌、断手、剜目后，身中三弹，壮烈牺牲于重庆佛图关，时年 29 岁。

杨闇公的一生短暂，辉煌，壮烈，犹如不断升腾的烈火，在历史上焕发出耀眼的光芒。他是中国共产党较早将武装斗争付诸实践并为之献出生命的革命家之一，他以生命和热血实践了自己的人生格言："人生如马掌铁，磨灭方休。"

2018 年，是杨闇公烈士诞辰 120 周年，也是他为革命英勇牺牲 91 周年。杨闇公旧居和陵园已是享誉川渝的"全国爱国主义教育示范基地"，成为广大人民缅怀先烈和进行爱国主义教育、国防教育及廉政建设的课堂。每年景区游客接待量达 150 万人次左右。

汪寿华 中共早期工人运动杰出领导人

汪寿华（1901—1927），男，原名何纪元，字介尘，浙江诸暨人，中国共产党早期工人运动的杰出组织者和领导人。1927 年 4 月，在蒋介石授意下，杜月笙在其公馆诱捕了汪寿华，把他运到枫林桥活埋。汪寿华英勇牺牲，时年 26 岁。

英烈语录

为了党和工人阶级的事业，我宁愿牺牲一切。

——汪寿华

浙江绍兴诸暨市泉畈村东塘水库旁耸立着一座四方柱形纪念碑，碑前翠柏林立，绿荫葱葱，沿着48级台阶拾级而上，能看到碑正面镌刻着“革命烈士永垂不朽”的烫金大字。每年清明前后，都有各地群众自发来到碑前献花，以纪念从这里走出的一位革命烈士——汪寿华。

汪寿华（1901—1927），男，原名何纪元，字介尘，浙江诸暨人，中国共产党早期工人运动的杰出组织者和领导人。

1918年，汪寿华考入浙江省立第一师范学校。五四运动爆发后，他积极参加学生运动，经常阅读《新青年》等进步刊物，开始接受马克思主义。1920年，汪寿华在上海加入社会主义青年团，1921年4月赴苏联学习，1923年加入中国共产党。

1925年，汪寿华奉召回国。不久，上海爆发了五卅反帝运动。汪寿华担任上海总工会宣传科主任，协助李立三、刘华、刘少奇领导工人运动。在李立三、刘少奇被迫离沪，刘华牺牲后，他自告奋勇挑起了上海总工会代理委员长的重任。

1926年10月至1927年3月，汪寿华先后参与指挥了上海工人三次武装起义。上海工人第三次武装起义时，汪寿华任中共中央特别委员会委员、上海市民代表会议常务委员，负责联络上海各派政治势力，共同反对北洋军阀的统治，筹建上海民众政权。上海工人第三次武装起义胜利后，上海特别市临时政府成立，他任临时市政府委员、常委，上海总工会委员长。

在起义胜利的日子里，群众的革命热情十分高涨，汪寿华的工作也更加紧张和繁忙。他一方面下令工人纠察队协助北伐军维持地方治安，一方面通告全市工人于24日一律复工。正当上海人民欢欣鼓舞的时刻，隐藏在革命阵营里的蒋介石和帝国主义、大资产阶级互相勾结，策划着反革命政变。

4 月初，国民党反动派阴谋破坏工人纠察队，汪寿华领导工人进行坚决反击。他曾说：“为了党和工人阶级的事业，我宁愿牺牲一切。”4 月 11 日夜，在蒋介石授意下，杜月笙在其公馆诱捕了汪寿华，把他塞进麻袋，运到枫林桥活埋。汪寿华英勇牺牲，时年 26 岁。

次日凌晨，蒋介石指使黄金荣、杜月笙的“中华共进会”等一批流氓持枪向驻守在各处的工人纠察队挑衅进攻，然后由刚从军阀部队收编过来的二十六军借口“工人内讧”，收缴了工人纠察队的枪支，占领了上海总工会会所，发动了震惊中外的“四一二”反革命政变。

汪寿华牺牲后，上海工人一直没有忘记他。新中国成立后，上海总工会和民政部门，特地派人把他的遗孀赵兰花接到上海居住，负责她的全部生活直至终生。上海工人文化宫的《工人运动史料陈列》、中共一大会址纪念馆和上海龙华烈士陵园都曾展出汪寿华的革命事迹。

谢文锦
为革命我们不怕牺牲

谢文锦，1894年生于永嘉县，1921年加入中国共产党。1924年秋，谢文锦按党中央指示到浙南传播革命思想，创建了浙南最早的党组织——中共温州独立支部。1927年，谢文锦被国民党特务秘密杀害，年仅33岁。

英烈语录

革命总是要付出代价的，总是有牺牲的。我们不怕牺牲，我们要组织力量和敌人对抗！

——谢文锦

苍山巍巍、江水泱泱。梧桐花开时节，攀过层层台阶，浙江永嘉市民纷纷去瞻仰一位中共早期革命活动家——谢文锦。

永嘉县革命历史纪念馆坐落在屿山公园内的屿山顶上。记者进入纪念馆，首先映入眼帘的是广场右侧谢文锦烈士的一座半身铜质雕像，高 2.3 米、宽 1.8 米，固定在花岗岩石基座之上。

彩霞染红西天，站在谢文锦铜像所在平台，可以俯瞰县城全景。

谢文锦，1894 年生于永嘉县。1917 年毕业于省立杭州第一师范学校。1919 年到上海，在《新青年》杂志任职。1920 年加入社会主义青年团，并参加了上海共产党早期组织，1921 年加入中国共产党。不久，谢文锦与刘少奇、任弼时、罗亦农、萧劲光等人被党派遣到莫斯科东方大学学习。1924 年春，谢文锦回国，担任共产国际代表、苏联军事政治顾问鲍罗廷的翻译，并任中共中央秘书。

1924 年秋，谢文锦按党中央指示到浙南传播革命思想，发展党团员，筹建党团组织，创建了浙南最早的党组织——中共温州独立支部，这是浙江省直属中央领导的第一个党组织。

1925 年 4 月，谢文锦在《新青年》纪念列宁专号发表《列宁与农民》一文。这是我们党早期系统介绍列宁论述农民问题的重要文章，对党从理论上认识农民问题在中国革命中的地位，起了很好的作用。此文受到毛泽东的赞扬，被选为广州农民运动讲习所教材。1925 年上海五卅惨案发生时，谢文锦任上海总工会总务科副主任（主任为刘少奇），他和李立三、刘少奇、汪寿华等一起发动工人罢工和示威游行。9 月，被选为上海总工会党团成员。

1926年4月，谢文锦担任中共上海区委委员，先后任曹家渡、杨树浦区委书记。7月调任中共南京地委书记。1927年2月，参加了上海工人三次武装起义组织领导工作。

1927年4月上旬，大革命形势急转直下。谢文锦等人敏锐地察觉到事态有变，“暴风雨就要来了，有些人的面目越来越清楚，我们不能再坐着不动了。”“革命总是要付出代价的，总是有牺牲的。我们不怕牺牲，我们要组织力量和敌人对抗！”他要求南京的党团员，抓紧动员和组织力量，对反对革命的行为进行反击。

4月10日夜，谢文锦主持召开南京地委扩大会议，研究应对国民党右派的具体对策时，被国民党特务侦缉队包围了会场，谢文锦等人不幸被捕。凶残的国民党特务对他们使用了极其残酷的刑罚，威胁利诱，软硬兼施，但谢文锦等人宁死不屈，表现出了共产党人崇高的气节。三天后，谢文锦等十人被秘密杀害，年仅33岁。

由于各种原因，谢文锦烈士的资料一度存在缺失。为进一步还原波澜壮阔的革命历史，追忆当年共产党人浴血奋斗的足迹，为革命先烈树立丰碑，用红色记忆激励后人，永嘉县委党史研究室、革命烈士后代等有关人员，赴多地档案管理部门，调阅并逐字摘录谢文锦烈士的自传、书信、履历表等珍贵史料，出版《谢文锦烈士纪念文集》等书籍。根据革命烈士事迹拍摄的电影《浙南革命先驱谢文锦》，作为“开学第一课”进入永嘉中小学课堂。

瞻仰烈士遗像，永嘉县委党史研究室的谢向荣充满着崇敬之意。他说，谢文锦烈士信念坚定，对革命事业矢志不渝。他不怕牺牲的革命精神，对激励家乡的干部群众爱国爱乡、爱岗敬业，推进新时代各项事业更好更快发展，具有强大的精神动力。

萧楚女

一支永不熄灭的『红烛』

萧楚女，1893 年出生于湖北汉阳，原名树烈，学名楚汝，中国共产党早期著名理论家、教育家和无产阶级革命家。1927 年 4 月，萧楚女在广州反革命大屠杀中被逮捕，4 月 22 日被杀害于狱中，年仅 34 岁。

英烈语录

做人也要像蜡烛一样，在有限的一生中有一分热发一分光，给人以光明，给人以温暖。

——萧楚女

“人生应该如蜡烛一样，从顶燃到底，一直都是光明的。”这是萧楚女烈士的人生观。他的一生，就像一支永不熄灭的“红烛”，光明磊落燃尽了自己，点燃了大片革命的火种。

萧楚女，出生于湖北汉阳，原名树烈，学名楚汝，中国共产党早期著名理论家、教育家和无产阶级革命家。

1911年武昌起义时，萧楚女投军参加了阳夏保卫战。辛亥革命后，他进入武昌实业学校学习，毕业后在《大汉报》和《崇德报》任编辑，经常用“楚女”为笔名发表文章，从此开始以手中的笔为武器，纵横驰骋在舆论阵地上，宣传马列主义和救国救民真理，揭露帝国主义和封建主义的罪行。

萧楚女先后在湖北、安徽、四川、上海、广州等地从事革命工作。1920年初，他参加恽代英在武汉创办的“利群书社”，开始走上有组织的斗争道路。1923年6月，在重庆担任《新蜀报》主笔，撰写了大量的政论、社论。同时，他经常给《向导》《中国青年》撰稿。

他的文章，笔锋犀利，战斗性强，矛头所向，不是“指责土酋军阀，就是痛骂贪官污吏”，连反动派所控制的报刊也不得不赞叹萧楚女的文章是“字夹风雷，声成金石”。

1924年8月萧楚女任中共中央驻四川特派员，领导重庆社会主义青年团和四川的革命斗争，10月组织四川平民学社，出版刊物《爝光》。1925年6月戴季陶主义出笼后，他专门写成《国民革命与中国共产党》一书，批驳戴季陶对共产党的攻击和污蔑。他还撰文开展了对国家主义派的批判。

1926年1月后，萧楚女到广州先后担任国民党中央宣传部干事兼中国国民党政治讲习班教授、黄埔军校政治教官等职。1927 年 4 月，萧楚女在广州反革命大屠杀中被逮捕，4 月 22 日被杀害于狱中，年仅 34 岁。

萧楚女曾形容自己的人生观是“蜡烛人生观”，并以此自励。生前他在农讲所和黄埔军校带病工作时曾说：“同学们，你们想蜡烛不是能放光明吗？做人也要像蜡烛一样，在有限的一生中有一分热发一分光，给人以光明，给人以温暖。”

“他笃学不倦，自学成才，成为我党早期卓越的理论家、思想家、演说家。”湖北省委党史研究室巡视员张帆说。

萧楚女故居原址位于武汉市汉阳区杨泗港内。如今英雄故里基础设施建设日新月异，一大批改善民生、拉动经济的项目和规划正在这里落地。

为更广泛传播党史，武汉市汉阳区党史与文化部门近年采用系列连环画的形式编写了一套《汉阳故事》，萧楚女的故事就在其中。萧楚女的“红烛”将永照人们的心田。

熊雄
中共在黄埔军校重要负责人

熊雄，1892年出生，江西宜丰人。中国共产党早期的无产阶级革命家，也是较早从事革命军队政治工作的杰出领导人。1927年4月15日，熊雄在广州反革命政变中被捕。5月中旬，被秘密杀害，年仅35岁。

英烈语录

人世斗争几日平，漫漫也应到黎明；听潮夜半黄埔客，充耳哭声和笑声。

——熊雄

走进江西省宜丰县芳溪镇的下屋村，村里一如往日的宁静，曲径通幽处，一位烈士的故居默默地伫立在那儿。耳边传来沙沙作响的竹林声，仿佛在向世人诉说着这位烈士的历历往事。他，就是中国共产党在黄埔军校的重要负责人熊雄。

熊雄，1892 年出生，江西宜丰人。儿时，他在家乡下屋村接受传统文化教育，培育了“身心一体、家国同构”的儒家爱国主义思想。1907 年他考入新设的瑞州府中学堂，继而又考入南京优级师范学堂。

早年，熊雄参加辛亥革命，加入中华革命党。1920 年赴法国勤工俭学。1922 年 3 月转赴德国学习，同年 6 月加入中国少年共产党，不久转为中共党员。

1923 年 3 月，熊雄到苏联莫斯科东方劳动者共产主义大学中国班学习，并到苏联红军中学习军队的政治工作。1925 年 9 月回国，被分配到黄埔军官学校任政治大队副队长。同年 10 月参加讨伐陈炯明的第二次东征，任东征军指挥部政治部秘书长，协助政治部主任周恩来工作。

1926 年，熊雄调任黄埔军校政治部副主任，主持政治部工作，同时参加了中共广东区委军委，是中国共产党在黄埔军校的主要负责人之一。中共广东区委根据熊雄的建议，决定成立党在黄埔军校的领导核心——中共黄埔军校党团，由恽代英、熊雄、聂荣臻、陈赓等人组成，熊雄被推举为党团书记。

在黄埔军校期间，熊雄制订、建立健全了一系列政治工作制度，并亲自讲授《军校中的政治工作》等课程，聘请恽代英、萧楚女、高语罕等共产党人为政治教官，还邀请毛泽东、周恩来、刘少奇等同志到军校作政治讲演。同时创办《黄埔日刊》、“血花剧社”，广泛传播革命思想。熊雄有深厚的政治理论基础，提出了“军事与政治打成一片，理论与实际打成一片”“相对服从与绝对服从”“革命生死观”等政治理论，深得领导、同事的赞赏敬佩和学员的爱戴，被称为理论家“熊婆婆”。

在教学中，熊雄采取生动活泼的教学方法，以提高教学质量。在黄埔军校期间，他勤勤恳恳、踏踏实实地工作，为培养既能指挥作战，又会做政治工作的军事政治干部，支援北伐战争，巩固广东后方，作出了重要贡献。

1927 年 4 月 15 日，熊雄在广州反革命政变中被捕。5 月中旬，被秘密杀害，年仅 35 岁。

“熊雄的一生，是革命的一生，是战斗的一生，也是光辉的一生。”宜丰县史志办主任易小良说，熊雄是中国共产党早期的无产阶级革命家，也是较早从事革命军队政治工作的杰出领导人。

走入熊雄烈士的故居，偌大的屋内还保留着熊雄在这里长大、成家的印记，保留完整的书桌、木床、衣柜、马灯等，都见证了他如何从一个年幼孩童成长为一名杰出的军队政治工作领导人。

在故居正厅，摆放着一本留言簿，厚重的几十页纸张记录了各位参观者的缅怀之情。在最后的几页，芳溪镇中心小学五年级学生熊傲月写下这样的一段话——“熊雄，您是我们熊氏的骄傲，也是祖国的骄傲。您的伟大事业是我们一生也抹不掉的记忆，谢谢您。”

近几年，宜丰县开展研究学习熊雄烈士革命精神活动，已加入宜丰县熊雄研究会的熊雄烈士的侄孙熊七光说：“从小到大，家里的长辈们都会跟我们说起熊雄的故事，但对他的精神我们还没有领悟透彻。我虽然是一个农民，文化水平一般，可我想去更加深入地研究他，让更多人了解他的一生。”

蒋先云
坚决勇敢的黄埔奇才

蒋先云（1902—1927），字湘耘，号巫山，湖南新田人，中国共产党早期的优秀党员和革命烈士、无产阶级革命家、工人运动领袖、军事将领。1927 年 5 月，蒋先云被任命为国民革命军第十一军二十六师七十七团团长兼党代表，率部北上河南，5 月 28 日在攻克临颍城的战斗中英勇牺牲。

英烈挽歌

（蒋先云）斗争坚决，作战勇敢，头脑敏捷，堪称青年军人的榜样。

——徐向前

工人运动领袖、黄埔奇才、国共桥梁、北伐骁将……革命英烈蒋先云的一生，是短暂的一生，更是光辉的一生。

位于湖南省新田县大坪塘村的蒋先云故居，作为湖南省爱国主义教育基地，每到清明时节，社会各界群众和中小学生自发前往悼念这位革命英烈。

蒋先云（1902—1927），字湘耘，号巫山，湖南新田人，中国共产党早期的优秀党员和革命烈士、无产阶级革命家、工人运动领袖、军事将领。

1917 年，蒋先云考入衡阳湖南省立第三师范学校。1919 年，蒋先云参加五四运动，在衡阳成立湘南学生联合会，被选为总干事。1921 年，蒋先云等发起成立进步团体“心社”，宣传新文化。不久加入中国社会主义青年团，同年冬加入中国共产党。

1922 年夏，蒋先云赴江西安源开展工人运动，在工人夜校教书并参与筹建工人俱乐部，出任俱乐部文书股长，和李立三、刘少奇等一起领导了安源工人大罢工。同年 11 月奉命到水口山矿区建立党的组织和工人俱乐部，12 月领导了水口山矿工的大罢工，并取得胜利。

1924 年 5 月，蒋先云入黄埔军校第一期学习，任中共黄埔军校特别支部书记。时任黄埔军校政治部主任的周恩来赞其是“军校的高才生”“是个将才”。军校毕业后，蒋先云留校任蒋介石的秘书。

1925 年，在周恩来的领导下，蒋先云发起成立青年军人联合会，是该会负责人之一。同年参加东征讨伐陈炯明和平定滇桂军阀杨希闵、刘震寰叛乱。8 月任国民革命军第一军第三师第七团党代表，不久率部参加第二次东征。

1926 年 3 月中山舰事件后，蒋先云退出国民党及第一军。北伐战争开始后，受党组织派遣任北伐军总部秘书，兼补充团第五团团长，参加了攻打九江、南昌等战役。

1927 年初，蒋介石反革命阴谋日益暴露，蒋先云毅然去武汉任湖北省总工会工人纠察总队队长，倡议成立黄埔学生反蒋委员会。同年 5 月武汉国民政府决定继续北伐，蒋先云被任命为国民革命军第十一军二十六师七十七团团长兼党代表，率部北上河南，5 月 28 日在攻克临颍城的战斗中英勇牺牲。

蒋先云牺牲后，周恩来在武昌亲自主持召开追悼会，当时中共中央机关刊物《向导》周报刊登了题为《悼蒋先云同志》的悼词。徐向前元帅称蒋先云“斗争坚决，作战勇敢，头脑敏捷，堪称青年军人的榜样”，并亲自为他题词：蒋先云烈士永垂不朽。

蒋先云的革命情怀和爱国斗志激励着家乡人民。为纪念他，新田县将县城一条繁华街道（县城至蒋先云出生地方向）命名为先云路，并修缮了蒋先云故居，民间自发组织成立了新田县蒋先云研究会。

雷晋乾
湘南农民运动的先驱

雷晋乾（1898—1927），字伯第，号醒顽，1898年12月15日出生于湖南省祁阳南区（现三口塘镇）栗林坝塘村。中共早期党员，中共祁阳县特别支部创始人。1927年5月，因叛徒出卖，雷晋乾不幸被捕，6月9日英勇就义，年仅29岁。

英烈语录

革命者从参加革命的那一天起，就将自己的整个生命交给了革命事业，何惧赴难。我虽一死，革命后继有人。倒是你们，今天当了刽子手，成为人民的败类，将会蒙羞万代，遗臭万年，那才是生不如死呢！

——雷晋乾

从湖南省永州市祁阳县三口塘镇出发，沿着以革命烈士雷晋乾的名字命名的“晋乾路”往前走，便可见到位于坝塘村八房院的雷晋乾墓地。每到清明时节，当地的石湖小学师生都会前往烈士墓地举行扫墓活动。一代英烈的革命事迹，在家乡广为流传，激励后人不断奋进。

雷晋乾（1898—1927），字伯第，号醒顽，1898 年 12 月 15 日出生于祁阳南区（现三口塘镇）栗林坝塘村。中共早期党员，中共祁阳县特别支部创始人。

1914 年，雷晋乾进祁阳塔边高小学习，1918 年以优异成绩考入衡阳湖南省立第三师范。1919 年，在五四运动的影响下，他与进步同学蒋先云、黄静源一起积极投身湘南反帝爱国运动，参与组织了“马氏（马克思）学说研究会”和衡阳文化书社。

1921 年 3 月，雷晋乾会同 18 位同学在衡阳省立第三师范成立进步学生组织“心社”，研究马克思学说。不久“心社”发展到 30 人，并遵照毛泽东的意见，全部转为社会主义青年团团员。

1922 年冬，雷晋乾加入中国共产党。1923 年，受党组织派遣，雷晋乾赴安源、水口山等地开展工人运动。同年秋，被中共湘区委员会派往衡山县白果，策划筹建了中共在湖南的第一个农会组织——岳北农工会。11 月，农工会遭到军阀赵恒惕镇压，雷晋乾被捕入狱。经党组织多方营救，于 1924 年 2 月出狱。后担任衡阳青年团地委书记，着手恢复“湘南学联”的工作。

1925 年秋，雷晋乾和毛泽民、夏明震一起由中共湘区委员会介绍到广州农民运动讲习所学习。其间，他以个人身份加入了国民党。年底，被中共湖南区委和国民党湖南省党部任命为农民运动特派员派回祁阳，发展党的组织，领导农民运动。

1926 年 1 月，中共祁阳特别支部在县立一高成立，雷晋乾任支部书记。同年 8 月，当选为国民党祁阳县党部农工委员。10 月，当选为祁阳县农协委员长。12 月，雷晋乾在长沙参加湖南省第一次工农代表大会，并向大会报告祁阳农民运动的情况。

1927 年 1 月，雷晋乾任县农民自卫军总队总队长；同时，又组织成立了祁阳县惩治土豪劣绅特别法庭，处决了一批罪大恶极的土豪劣绅。在雷晋乾等共产党人的推动下，祁阳县农民运动蓬勃发展。

1927 年 5 月 21 日，反动军官许克祥在长沙发动马日事变，大肆屠杀共产党人和革命群众。28 日，因叛徒出卖，雷晋乾不幸被捕。面对敌人的威逼恫吓，他大义凛然、斩钉截铁地说："革命者从参加革命的那一天起，就将自己的整个生命交给了革命事业，何惧赴难。我虽一死，革命后继有人。倒是你们，今天当了刽子手，成为人民的败类，将会蒙羞万代，遗臭万年，那才是生不如死呢！"6 月 9 日，雷晋乾英勇就义，时年 29 岁。

雷晋乾为民族独立与解放奉献了自己短暂的一生。1951 年 10 月，原省农民运动特派员、中共祁阳特别支部第二任书记王首道为悼念大革命时期祁阳被害战友，在挽词中写道：雷晋乾、蒋毓华等同志是 1925 年至 1927 年大革命运动中祁阳人民爱戴的革命英雄，他们尽忠人民解放事业的光辉业绩与坚持革命真理临死不屈的牺牲精神，永垂不朽！

为纪念雷晋乾烈士，祁阳县将雷晋乾故居和墓地确定为县级文物保护单位，在县城龙山公园修建烈士纪念碑亭，将通往烈士故居的公路定名为"晋乾路"。

田波扬和陈昌甫 慷慨就义的革命伉俪

田波扬，1904年3月出生，湖南浏阳人。1921年加入中国社会主义青年团，1923年5月加入中国共产党。

陈昌甫，女，1905年6月出生，湖南浏阳人。1921年与田波扬结婚。1926年加入中国共产党。1927年春任共青团湖南省委联络员，协助田波扬工作。他们夫妇被誉为“生活的亲密伴侣，工作的革命同志，斗争的真挚战友”。

英烈语录

我走的道路是光明正大的，不需要悔悟！

——田波扬

我可以代替他死，但决不代替他叛党，共产党人是杀不绝的，血债一定要偿还！

——陈昌甫

暮春，草木葳蕤，夏意渐浓。怀着无比崇敬之情，记者来到位于湖南浏阳市北盛镇泉水村，瞻仰田波扬、陈昌甫烈士墓。

田波扬、陈昌甫烈士墓坐南朝北，前有梯步，左右两侧栽种柏树，中有祭拜坪，后为坟墓，占地面积约 300 平方米。正中的墓碑上嵌有烈士夫妇合影，左下方的墓碑上刻有“田波扬夫妇永垂不朽”9 个大字。

“田波扬、陈昌甫同志已经离开我们 90 多年了，他们和千千万万革命先烈一样，深受家乡人民深切的崇敬和无限的怀念，也激励着后人沿着他们的足迹继续开拓前行。”北盛镇党委书记李斌说。

田波扬，1904 年 3 月出生，湖南浏阳人。早年在长沙读书期间，结识了郭亮、夏曦、夏明翰等进步青年，1921 年加入中国社会主义青年团，1923 年 5 月加入中国共产党。

此后，田波扬相继被推举为湖南长沙湘区团委学委委员、湖南省学联总务委员、全国学联常务委员，参与领导和组织湖南及长沙等地的学生运动。1925 年夏考入北京中国大学，1926 年 3 月退学回到长沙，以教师身份作掩护，组织工农群众和青年学生支援北伐战争。

1926 年 6 月起，田波扬先后任共青团湖南省委宣传部长、团省委书记。1927 年到武汉出席党的五大。他在会上发言支持毛泽东、蔡和森、瞿秋白等人的正确意见，批评右倾机会主义错误，主张反抗国民党新军阀的屠杀政策。

陈昌甫，女，1905 年 6 月出生，湖南浏阳人。1921 年与田波扬结婚。1923 年到长沙求学，不久加入中国社会主义青年团，1926 年加入中国共产党。1927 年春任共青团湖南省委联络员，协助田波扬工作。他们夫妇被誉为“生活的亲密伴侣，工作的革命同志，斗争的真挚战友”。

1927 年 5 月 21 日，国民党反动军官许克祥叛变革命，制造了“马日事变”，湖南陷入白色恐怖中。为反抗国民党新军阀的大屠杀，田波扬不顾个人安危，在党的五大结束后即从武汉返回长沙，组织开展反抗斗争。

5 月 30 日晚，由于叛徒告密，田波扬、陈昌甫夫妇等 8 位同志被捕。敌人对田波扬施以酷刑，用竹签扎进他的十指，用木杠压断他的双腿，要他自首和说出党的秘密。七天七夜死去活来的摧残折磨，田波扬始终威武不屈：“头可断，血可流，此志不可移！”“我走的道路是光明正大的，不需要悔悟！”

敌人又拷打、折磨陈昌甫，妄图以夫妻之情和生死离别威胁、动摇他们，要她代替田波扬在自首书上签字。陈昌甫大义凛然回答敌人：“我可以代替他死，但决不代替他叛党，共产党人是杀不绝的，血债一定要偿还！”

田波扬和陈昌甫这对年轻的革命夫妻，在生死考验中，表现了共产党员为革命、为理想视死如归的浩然正气。1927 年 6 月 6 日凌晨，残暴的敌人枪杀了这对年轻的革命夫妻。田波扬牺牲时年仅 23 岁，陈昌甫牺牲时年仅 22 岁，且怀有身孕。

浏阳文史研究者甘武告诉记者，田波扬与陈昌甫英勇就义后，中共湖南临时省委的同志和他们的亲属冒着极大危险，将他俩的遗体收敛运回浏阳，葬在英烈家乡北盛镇一处山清水秀的小冲里。

田、陈两位烈士牺牲 90 余年后，当年偏僻落后的家乡发生了翻天覆地的变化。近年来，蓝思科技、盐津铺子等知名企业、上市公司落户浏阳经开区北盛片区。“我们正主攻园镇融合和乡村振兴，重点实施产城融合、城乡一体、民风淳化战略，着力打造浏阳金阳新城副中心，建设产业更强、乡村更美、民风更淳、生活更幸福的新北盛。”李斌说。

陈延年
视死如归的革命者

陈延年，又名遐延，安徽怀宁人，陈独秀长子，生于1898年。1922年6月，与赵世炎、周恩来一起创建旅欧共产主义组织——中国少年共产党，并担任宣传部长。1927年7月被国民党反动军杀害，年仅29岁。

英烈语录

> 我们的党不是从天上掉下来的，也不是从地上生出来的，更不是从海外飞来的，而是在长期不断地革命斗争中，从困苦艰难的革命斗争中生长出来的，强大出来的。
>
> ——陈延年

在安徽省安庆市少年宫内，矗立着一座陈延年的雕像：他身穿西装、左手插兜，胸前的领带高高飘起，生动再现了烈士当年雄姿英发、壮怀激烈的革命形象。

陈延年，又名遐延，安徽怀宁人，陈独秀长子，生于1898年。1915年，考入上海法语学校专攻法文，1917年考入震旦大学攻读法科。1919年12月下旬，赴法国勤工俭学。1921年，摒弃原先信仰的无政府主义，转而信仰马克思主义。1922年6月，与赵世炎、周恩来一起创建旅欧共产主义组织——中国少年共产党，并担任宣传部长。同年秋，加入法国共产党。不久转为中国共产党党员。

1924年10月，陈延年回国后被党中央派赴广州，先后任社会主义青年团中央驻粤特派员、中共广东区委秘书兼组织部长。不久，接替周恩来任中共广东区委书记，他极为重视加强党的建设，健全区委领导机构，建立党课制度，着力于党员的培训和教育，加强党的团结。到1927年3月，广东党组织已拥有9000多名党员，是当时全国党员人数最多、组织机构最健全，具有高度凝聚力和战斗力的地方党组织之一。

1924年11月，陈延年协助周恩来建立海陆军大元帅府铁甲车队。1925年11月，在铁甲车队的基础上，周恩来、陈延年等商定，从黄埔军校毕业生中再抽调一批共产党员和共青团员作为骨干，建立了著名的叶挺独立团。

1925年6月，陈延年、苏兆征、邓中夏等领导了震惊中外的省港大罢工。

在国共合作的大革命中，以陈独秀为首的党中央对国民党右派的进攻，采取了妥协退让政策。陈延年坚决反对，他以中共广东区委的名义报告党中央，要求中央坚决抛弃对国民党右派的妥协退让政策，他在与邓中夏、张太雷谈起陈独秀的错误时，气愤地说：“（陈独秀）看不出蒋介石的阴谋，看不见工农的力量，竟把无产阶级当作革命的苦力。”又说：“我是共产党，坚决站在党的立场，反对右倾机会主义的妥协退让政策！”

1927 年 4 月，陈延年赴武汉参加党的五大时，中央任命他接任中共江浙区委书记，他当即转赴上海，途中上海发生四一二反革命政变。1927 年 6 月，中共中央撤销江浙区委，分别成立江苏省委和浙江省委，陈延年任中共江苏省委书记。在白色恐怖笼罩下的上海，陈延年和赵世炎等不顾危险，部署工作，寻找失散的同志，恢复和重建党组织，积极开展斗争。6 月 26 日，陈延年遭国民党军警逮捕。敌人为了得到上海中共党组织的秘密，对陈延年用尽酷刑，将他折磨得体无完肤，逼迫他供出上海党的组织。但陈延年以钢铁般的意志，严守党的机密，宁死不屈。

1927 年 7 月 4 日晚，陈延年被国民党反动军警押赴刑场。刽子手喝令他跪下，他却高声回应：革命者光明磊落、视死如归，只有站着死，决不跪下！几个执刑士兵用暴力将其按下，松手挥刀时，不意陈延年又一跃而起，这一刀未砍着颈项，刽子手也差点吓得摔倒。最后，他竟被凶手们按在地上以乱刀残忍地杀害。

“我们的党不是从天上掉下来的，也不是从地上生出来的，更不是从海外飞来的，而是在长期不断地革命斗争中，从困苦艰难的革命斗争中生长出来的，强大出来的。”陈延年 1926 年说的这句话，现在被印在了上海龙华烈士陵园纪念书签上。

赵世炎

信仰之火永不灭

1901 年，赵世炎出生在四川酉阳（今属重庆市）。由于叛徒出卖，1927 年 7 月 2 日，赵世炎不幸被捕。7 月 19 日，赵世炎英勇就义，把 26 岁的青春和满腔热血献给了革命事业。

英烈语录

志士不辞牺牲，革命种子已经遍布大江南北，一定会茁壮成长起来，共产党必将取得胜利。

——赵世炎

“龙华授首照丹心，浩气如虹烁古今，千树桃花凝碧血，工人万代仰施英。”在《忆赵世炎烈士》一诗中，老一辈无产阶级革命家吴玉章高度评价了中国著名的工人运动领袖赵世炎同志。“施英”正是赵世炎在党和工会刊物上写文章时用的笔名。

1901 年，赵世炎出生在四川酉阳（今属重庆市）。父亲感受到那个时代的世态炎凉，希望他的小儿子能够像一团火一样去照亮这个世界，故给他取名“世炎”。

1915 年，赵世炎考入北京高等师范学校附中。期间正值新文化运动风起云涌，受陈独秀主办的《新青年》影响，赵世炎投入新文化运动中，并结识了李大钊等人。1919 年，经李大钊介绍加入少年中国学会，积极参加五四爱国运动，参与主编《平民周刊》《少年》半月刊和《工读》半月刊等进步刊物，宣传反帝反封建思想。

1920 年 5 月，赵世炎赴法国勤工俭学。1921 年春，与张申府、周恩来等发起成立旅法中国共产党早期组织，成为中国共产党党员。1922 年，与周恩来等发起成立旅欧中国少年共产党，任中央执委会书记，随后又任中共旅欧总支部委员和中共法国组书记。1923 年，赵世炎和陈延年、王若飞等带领一批青年前往莫斯科东方劳动者共产主义大学学习。

1924 年，赵世炎回国工作，先后任中共北京地方执委会委员长、中共北方区执委会宣传部部长兼职工运动委员会主任，协助李大钊领导北方各省的斗争。

1926 年 3 月，赵世炎出席在广州召开的第三次全国劳动代表大会。会后，党中央任命赵世炎担任中共江浙区委组织部部长、上海总工会党团书记，并兼任江浙区委军委书记。

赵世炎化名“施英”，到上海后就深入到工人群众中，号召社会各界群众发扬五卅精神，联合起来，组成革命的统一战线，以对付帝国主义的屠杀和进攻。在中共江浙区委领导和组织下，从 1926 年 6 月到 9 月，上海各界工人的罢工斗争此起彼伏，形成了声势浩大的有组织的工人运动新阶段。

1926 年 10 月，北伐军攻克武汉，革命形势进一步发展。但由于时机不成熟，上海工人的第一、第二次武装起义均告失败。1927 年 3 月 21 日，上海工人举行了第三次武装起义。

在武装起义中，赵世炎身先士卒，勇敢地冲锋陷阵。经过 30 多个小时的激战，起义队伍打败了军阀部队。这是大革命时期中国工人运动的一次壮举，为北伐军在江浙战场的胜利做出了重要贡献。

1927 年 4 月，蒋介石背叛革命，发动反革命政变，大肆屠杀共产党人和革命群众。面对严重的白色恐怖，赵世炎临危不惧，坚定表示：“共产党就是战斗的党……党存在一天就必须战斗一天，不愿意参加斗争，还算什么共产党员！”

由于叛徒出卖，1927 年 7 月 2 日，赵世炎不幸被捕。他受尽严刑拷打，始终坚贞不屈。他把敌人的监狱和法庭当成讲坛，大义凛然地宣传党的主张和共产主义理想，揭露反动派的罪行。他慷慨激昂地说：“志士不辞牺牲，革命种子已经遍布大江南北，一定会茁壮成长起来，共产党必将取得胜利。”7 月 19 日，赵世炎英勇就义，把 26 岁的青春和满腔热血献给了革命事业。

赵世炎牺牲后，家里有很多人先后走上了革命道路，也有人为了信仰壮烈牺牲。“先辈对我们的影响就是要坚定自己的信念，坚持自己的理想。”赵世炎之孙赵新炎说。

英烈已逝，但信仰之火永不熄灭。

卢德铭

秋收起义铸丰碑

卢德铭，字邦鼎，又名继雄，1905 年 6 月 9 日出生。1927 年 9 月，卢德铭参加毛泽东领导的湘赣边界秋收起义，任工农革命军第一军第一师总指挥、中共湖南省委前敌委员会委员。在战斗中，卢德铭不幸身中数弹，壮烈牺牲，年仅 22 岁。

英烈语录

报效革命，义无反顾！

——卢德铭

在四川省自贡市自流井区仲权镇竹元村，修林密竹中掩映着一座典型的川南民居四合院：小青瓦、桩板墙，透过历史的烟尘，无声地诉说着一段尘封的往事。秋收起义总指挥卢德铭烈士当年就出生在这里，至今仍有不少人前来寻觅英雄的足迹。

卢德铭，字邦鼎，又名继雄，1905 年 6 月 9 日出生。少年时期受五四运动影响，阅读了《新青年》等进步书刊，开始接受马克思主义。1924 年 2 月，卢德铭持李筱亭（同盟会会员，孙中山秘书）的信函拜见孙中山，经孙中山面试、推荐，被黄埔军校破格录取。在黄埔军校学习期间加入中国共产党。

1925 年 2 月，卢德铭参加讨伐军阀陈炯明的东征战役，任学生军侦察队长。同年 6 月毕业留校，在政治部组织科当科员。1925 年 11 月，调国民革命军第四军叶挺独立团任第二营第四连连长。1926 年 5 月，独立团担任北伐军先锋，从广东省肇庆出发，挺进湖南。6 月初，卢德铭率部坚守安仁县城以北的渌田镇，不仅打垮了进攻之敌，还主动发起反击，全歼残敌，受到叶挺的称赞。在平江、汀驷桥、贺胜桥等战斗中，卢德铭指挥果断，身先士卒，屡建战功，晋升为第一营营长。攻克武昌后，独立团改编为第 73 团，卢德铭任参谋长。

1927 年 6 月，国民革命军第二方面军总指挥部在武昌成立警卫团，卢德铭受中国共产党的委派担任团长。1927 年 8 月 1 日，南昌起义打响了武装反抗国民党反动派的第一枪。8 月 2 日，他率部开赴江西，未赶上南昌起义，遂转移到江西修水与平江、浏阳农军会合。

9 月，卢德铭率警卫团参加毛泽东领导的湘赣边界秋收起义，任工农革命军第一军第一师总指挥、中共湖南省委前敌委员会委员。起义受挫后，在9月19日的文家市前委会议上，毛泽东主张放弃攻打长沙，把起义军转移到敌人力量薄弱的农村山区。卢德铭坚决支持毛泽东的主张，认为再攻长沙就有全军覆没的危险。这一意见，对于会议统一思想起到了重要作用。会议经过激烈争论，最后通过了毛泽东的正确主张，决定部队沿罗霄山脉向南转移。

9月25日拂晓，起义军从芦溪出发南进。当行进到山口岩时，后卫第3团遭到敌军伏击。在这危急时刻，卢德铭挺身而出，率领一个连的兵力前往增援。他指挥部队抢占制高点，用猛烈的火力还击敌人，同时指挥被打散的第3团官兵迅速向前卫部队靠拢。在这场恶战中，卢德铭不幸身中数弹，壮烈牺牲，年仅22岁。对卢德铭深为赏识的毛泽东听到噩耗时，痛惜不已，他悲愤地大呼："还我卢德铭！"

卢德铭已经牺牲90余年，历史和人民不会忘记这位为中国革命和军队建立发展做出过贡献的革命英烈。如今，烈士家乡仲权镇建有市级爱国主义教育基地——卢德铭烈士事迹陈列室和卢德铭烈士纪念馆，原貌保护卢德铭故居的部分房屋。全区还集中实施了征集德铭精神表述语和诗文原创歌词、重走革命路等"九个一"系列活动，"德行兼备、铭记使命"的卢德铭精神在自流井大地得以弘扬和传承。

林伟民

抱病犹念工运事

林伟民，1887 年出生于广东省香山县三灶岛西洋田村（今广东省珠海市金湾区三灶镇鱼月村），是早期中国工人运动的卓越领袖。1927 年 9 月 1 日病逝于广州医院，时年 40 岁。

英烈语录

要是敌人下毒手，我也不怕。我要跟他们拼一场！

——林伟民

珠海市金湾区三灶镇伟民广场中央有一尊高高矗立的铜像：他雄姿英发，没有扣住的西服外套随风向后扬起，他右手拄着杖，左手插在裤兜里，炯炯有神的目光迎风远眺。他就是早期工人运动领袖林伟民。

林伟民，1887 年出生于广东省香山县三灶岛西洋田村（今广东省珠海市金湾区三灶镇鱼月村）。早年到香港谋生，在外国轮船上当海员。

1920 年起，林伟民和苏兆征等在香港海员工人中进行革命宣传，并发起组建了香港海员工会，为筹备委员之一。

1921 年 3 月，“中华海员工业联合总会”在香港成立，他当选为干事会干事，负责交际方面的工作。

1922 年 1 月，林伟民和苏兆征等领导了香港海员大罢工；同年 7 月，协助建立了上海海员工会，被推选为工会主任；8 月，发动和领导了上海海员大罢工。

1924 年春，林伟民代表香港海员工会赴苏联出席国际运输工人代表大会，在苏期间加入中国共产党。同年 10 月回国后任中华海员工业联合总会广州办事处主任，12 月领导广州盐船工人进行罢工斗争。

1925 年 5 月在第二次全国劳动大会上当选为中华全国总工会第一届执行委员会委员长，成为早期中国工人运动的卓越领袖。

1925 年上海五卅惨案后，林伟民在广州发动沙面洋务工人和香港工人联合举行反帝政治大罢工，声援和支持上海人民的反帝爱国运动。6 月主持中华全国总工会省港罢工委员会临时办事处的工作，从事接待香港罢工工人，筹措罢工款项等活动以保证罢工的顺利进行。

1925 年 6 月 19 日省港大罢工爆发后，他代表中华全国总工会参加了省港罢工委员会的领导工作。

由于长期紧张繁忙的斗争和艰苦贫困的生活，使林伟民腿部的骨结核病在省港大罢工期间恶性发作，1925 年 8 月不得不住院治疗。林伟民身卧医院，仍关心和支持着省港罢工委员会的各项工作。1926 年 1 月全国海员第一次代表大会在广州召开，林伟民因病未能出席大会，仍被选为全国海员总工会的执行委员。5 月在第三次全国劳动大会上，被选为中华全国总工会第三届执委员会委员。

1927 年 5 月，林伟民病情恶化，再次被送进医院进行第三次手术，并为避国民党反动派的搜捕，把名字改为林齐卿。同年 9 月 1 日病逝于广州医院，时年40岁。广州盐船工人冒着极大的危险，偷运出他的遗体进行安葬。新中国成立后，广东省人民政府把他的遗骨移葬于广州银河革命公墓。

为了纪念林伟民及他所领导的工人运动，珠海市金湾区三灶镇建立了林伟民与中国早期工人运动史迹陈列馆，馆内设有林伟民陈列馆、中国早期工人运动史迹陈列馆等。

珠海市金湾区三灶镇文化服务中心副主任郭圣希说，陈列馆自 2017 年 1 月开馆以来，先后接待各类参观团体 237 个，累计参观人次两万多人，陈列馆已是珠海市党员、群众红色革命教育的重要场所，是珠海市党史党性教育基地，并入选广东省首批红色革命遗址重点建设示范点。

王荷波

『品重柱石』显本色

王荷波，原名王灼华，1882 年出生于福州。1922 年 6 月加入中国共产党。1927 年八七会议上，王荷波当选中央临时政治局委员，并担任北方局书记。由于叛徒出卖，王荷波于 10 月 18 日被捕，11 月 11 日壮烈牺牲，时年 45 岁。

英烈语录

希望党组织教育我的子孙不要走与我相反的道路。

——王荷波

在福州闽江畔，一幅革命浮雕颇为抢眼，上面刻画着中国共产党早期工人运动领袖王荷波开展工人运动的事迹，一股信念感“穿透”黄岗岩扑面而来。

“他是一个信念极其坚定的人。革命早期，事业能不能成功，完全是一个未知数。很多人因为害怕、犹豫走向了歧路，而他则到临牺牲的那一刻依然十分坚定，并留下遗嘱‘希望党组织教育我的子孙不要走与我相反的道路’。”王荷波的侄孙王飞说。

在众多为国捐躯的革命英烈中，王荷波的名字也许鲜为人知。然而，这位中国工人运动的先驱、中国共产党早期领导人之一，他的人生经历、他对中国革命的贡献、他“品重柱石”的共产党员本色却永垂青史。

王荷波，原名王灼华，1882 年出生于福州。1916 年，王荷波考入津浦铁路南段的浦镇机厂。1922 年 6 月加入中国共产党。不久，浦口党小组成立，王荷波是负责人之一。在他的组织领导下，很快成立了浦口铁路工会。王荷波严于律己，公私分明，从不乱花大伙一文钱，深得工人群众的信赖。在他 40 岁生日时，工友们送他一块大红绸，上面写有“品重柱石”四个大字。

1923 年 1 月底，王荷波代表津浦路铁路总工会筹备组到郑州出席京汉铁路总工会成立大会，随后又组织津浦路沿线工人举行罢工，有力地支援了京汉铁路工人的二七大罢工。

1923 年 6 月，王荷波赴广州出席党的第三次全国代表大会，并当选为中央执行委员。9 月，王荷波被增补为中央局委员。

1925 年 1 月，王荷波在上海参加了党的四大，当选为中央候补执行委员。同年 2 月，王荷波当选为中华全国铁路总工会委员长；5 月，当选为中华全国总工会执行委员。

1926 年 2 月主持召开了全国铁路总工会第三次代表大会。5 月出席第三次全国劳动大会，继续被选为中华全国总工会执行委员。

1927 年 3 月，王荷波与周恩来、罗亦农等一道组织领导了上海工人第三次武装起义。5 月，党的五大在党的历史上第一次选举产生了中央监察委员会，王荷波当选为首任主席。

1927 年八七会议上，王荷波当选中央临时政治局委员，并担任北方局书记。会后，被派往北京领导北方党的工作，他拟定了工人武装起义计划，秘密建立北京总工会，发展会员。由于叛徒出卖，王荷波于 10 月 18 日被捕。

1927 年 11 月 11 日，王荷波被军阀张作霖下令枪杀，壮烈牺牲，时年 45 岁。

如今，王荷波离我们而去已有 91 年，但他的精神仍然在鼓舞着后来者。2017 年，话剧《王荷波》在多地上演，该剧编剧赵瑞泰说：“有的人活着，他已经死了；有的人死了，他还活着，王荷波是后一种人。”

剧终时，“王荷波”深情地嘱托道：“再见了，我的亲人们；永别了，我的同志们！当你们以后过上了我们曾经奋斗追求的幸福日子，要珍惜啊！”台下，一位年轻党员热泪盈眶：“王荷波为了信仰不惜牺牲一切，时代在发展，现在生活好过了，但初心不能忘。”

潘忠汝
六出城门『大无畏』

潘忠汝，1906 年生，湖北黄陂人。自幼喜习武术。1924 年考入由董必武、陈潭秋等在武昌创办的武汉中学，开始接触马克思主义，并积极参加进步学生运动。1926 年，潘忠汝进入武汉中央军事政治学校学习，同年加入中国共产党。1927 年 12 月 5 日，国民党军一个师夜袭黄安，潘忠汝率队突围时壮烈牺牲。

英烈语录

尧天舜日事经过，世态崎岖要整磨。不肯昏庸同草木，愿输血汗改山河。

——潘忠汝

每年的清明节、国家公祭日，武汉市黄陂区广大党政干部、师生都会到黄陂区六指街甘棠铺社区潘家堰湾，为黄麻起义总指挥潘忠汝扫墓。位于甘棠铺社区办公楼二楼的陈列室自 2014 年 6 月开馆以来，共接待了 5 万多名来自全国各地的观众。

武汉市黄陂区六指街原文化站站长王新元参与了筹备陈列室的全过程。他介绍说，占地 120 多平方米的展室是甘棠铺社区青少年革命传统教育基地的重要组成部分，以图文并茂的形式展示了潘忠汝烈士短暂而光辉的一生。展品里既有潘忠汝生前在黄埔军校读过的书、一些合影，也有烈士后人珍藏的遗物。其中有一块银圆是潘忠汝毅然投身革命后唯一留给家人的东西。

潘忠汝，1906 年生，湖北黄陂人。自幼喜习武术。1924 年考入由董必武、陈潭秋等在武昌创办的武汉中学，开始接触马克思主义，并积极参加进步学生运动。

1926 年，潘忠汝进入武汉中央军事政治学校学习，同年加入中国共产党。1927 年被派到湖北黄安（今红安）任县公安局军事教练，从事秘密革命活动。大革命失败后，他带领公安局部分人员和枪支加入黄安县农民自卫军，任大队长，率部活动于七里坪、紫云、乘马等地，与地主民团和反动红枪会作斗争。

1927 年 11 月 13 日，潘忠汝与吴光浩、戴克敏等领导黄麻起义，率领农民武装攻占黄安县城。14 日晨攻克黄安县城，全歼守城正规军及警备队，活捉国民党县长郭守忠等。随后，黄安工农民主政府成立，黄、麻两县农民自卫军组编了中国工农革命军鄂东军，潘忠汝担任总指挥兼第一路军司令。他在检阅时发表演说：“我们不仅要打下一个黄安城，我们还要打遍大别山，打遍全中国，打出我们的大路，打出我们的江山。”

1927 年 12 月 5 日，国民党军一个师夜袭黄安，潘忠汝率城里的第一路军抵抗，由于敌众我寡，我军决定突围。潘忠汝让副总指挥吴光浩带领部队突围，自己则带领少部分人断后。面对不肯离去的战友，潘忠汝严厉地说：“这是命令，不许再争，赶快撤！”

潘忠汝左手握着盒子炮，右手挥舞大刀，带领战士猛打猛冲。为了保存这支新诞生的革命武装，他前后六次进出城门，掩护战友突围。当他第七次护送战友往外冲时，不幸腹部中弹，鲜血直流，一截肠子都冒出来。潘忠汝强忍剧痛，一手按住冒出来的肠子，一手挥刀砍杀敌人。他边冲杀边高呼：“同志们，为了革命的胜利，狠狠地打呀！”最终，因流血过多，壮烈牺牲，年仅 21 岁。

潘忠汝曾在一首自勉诗中写道：“尧天舜日事经过，世态崎岖要整磨。不肯昏庸同草木，愿输血汗改山河。”这片山河，也一直记得潘忠汝的忠贞血汗。

张太雷

『愿化作震碎旧世界惊雷』

张太雷，1898 年 6 月生，江苏武进人。1915 年考入北京大学，同年冬转入天津北洋大学（现天津大学）法科学习。1920 年 10 月，张太雷和邓中夏等一起加入李大钊发起成立的北京的中国共产党早期组织，成为中国共产党最早的党员之一。1927 年，他在广州起义中遭敌人伏击，壮烈牺牲。

英烈语录

惟有求得高深的学问，既可以自己独立谋生，不要依靠他人，心境自然也就安定，又可以保持我清洁的身体、高尚的道德。

——张太雷给妻子陆静华的信（1921 年）

江苏省常州市清凉路上，坐落着一座二进三开间江南老式居民建筑，这就是英烈张太雷纪念馆。

张太雷原名张曾让，1898 年 6 月生，江苏武进人。1915 年考入北京大学，同年冬转入天津北洋大学（现天津大学）法科学习。因立志化作“惊雷”，冲散阴霾，改造旧社会，后将名字改为张太雷以铭志。

1919 年五四爱国运动爆发，张太雷积极投身其中，成为天津地区爱国运动的骨干之一。在运动中，张太雷与景仰已久的李大钊建立了联系。在李大钊影响下，张太雷开始接触和信仰马克思主义，并参加了李大钊组织的北京大学马克思学说研究会，协助其开展创建中国共产党的工作。1920 年 10 月，张太雷和邓中夏等一起加入李大钊发起成立的北京的中国共产党早期组织，成为中国共产党最早的党员之一。

此后，他与邓中夏一起积极开展工人运动，到长辛店组建劳动补习学校，培养了北方铁路工人运动的第一批骨干。从 1921 年春开始，张太雷先后赴苏联工作、学习，任共产国际远东处中国科书记，并多次陪同共产国际派到中国的代表会见李大钊、陈独秀等，参与创建中国共产党的活动。

1924 年春，张太雷按党的要求回国，担任团中央总书记，出席党的四大并当选为中央候补执行委员，同时兼任中共广东区委委员、宣传部长等职。

1927 年 4 月至 5 月，张太雷出席中共五大，尖锐地批评陈独秀右倾错误；7 月中共中央改组，任中央临时政治局五名常委之一；八七会议后，被派往广东工作，担任中共广东省委书记兼广东省委军委书记、中央南方局书记兼南方局军委委员。

张太雷一到广东，立即研究制定广东全省的暴动计划，并发起组建了广州起义指挥机构——革命军事委员会，担任委员长。正当准备工作紧张进行时，起义消息泄露。张太雷当机立断，广州起义的枪声于 1927 年 12 月 11 日凌晨提前打响。在张太雷主持下，成立广州苏维埃政府，并任代理主席、人民海陆军委员。

12 月 12 日，广州起义的第二天，敌军攻占了起义军的重要阵地，并分兵直扑起义军总指挥部。张太雷闻讯，立即乘车赶赴前线指挥战斗。车在行驶中遭到敌人伏击，张太雷身中三弹倒在插着红旗的敞篷汽车中，壮烈牺牲。临终前，他向战友们嘱托：要和敌人战斗到底，完成党交给的任务！他用自己短短 29 年的生命历程践行了“愿化作震碎旧世界惊雷”的铮铮誓言。

斯人已逝，英魂永存。

杨超

『革命何须怕断头』

杨超，1904 年 12 月出生于河南省新县。1925 年“五卅运动”爆发后，杨超在北大党组织的直接领导下积极参加反帝爱国运动并光荣地加入了中国共产党。1927 年 12 月 23 日，杨超出席党的武汉会议后返回江西，途中被国民党特务发现。为了引开敌人、保护同行的战友，杨超不幸被捕。12 月 27 日，杨超被敌人枪杀，年仅 23 岁。

英烈语录

满天风雪满天愁，革命何须怕断头。留得子胥豪气在，三年归报楚王仇。

——杨超

明亮的灯光投射到展板，一张黑白照片，浓密的短发，挺直的鼻梁，年轻英俊的脸庞，参观的人群怀着崇敬的心，纷纷在青年烈士杨超的展板前驻足。

在江西省革命烈士纪念堂，每天来参观的人群络绎不绝，青年烈士杨超的事迹，布置在第二展厅。

杨超，1904年12月出生于河南省新县，5岁时随家迁居江西省德安县。7岁起先后在德安木环垄陈氏私塾和郭氏私立沈毅小学读书。杨超出身于地主家庭，家里雇有十余个长工，对压迫、剥削的旧社会有较多的认识，他曾在一篇日记中写道："中国地大物博，为何不富强，盖因未得到改革之道，我当竭力为此奋斗。"

杨超1921年考入南昌心远中学，开始阅读马克思主义著作，并和同学袁玉冰、黄道、方志敏等组织革命团体"改造社"，后因积极参加"改造社"进行的革命活动被学校开除。1923年秋，杨超到南京东南大学附属中学读书，同年10月加入中国社会主义青年团。12月，发表《改造中国的一条道路——革命》一文，大声疾呼无产阶级革命。随后，进入北京大学就读。

1925年五卅运动爆发后，杨超在北大党组织的直接领导下积极参加反帝爱国运动，结识了革命宣传家和活动家共产党人恽代英、萧楚女，并光荣地加入了中国共产党。当时杨超把入党的喜事告诉妻子李竹青，为避免暴露，以《有感寄李竹青》为题，写了一首诗："革命原知事意成，书生有路请长缨。鲲鹏却爱天涯远，不听山阳夜笛声。"

同年，杨超利用寒暑假回江西从事革命活动，并于这一年冬组织了德安最早的一个工会——德安柴炭工人工会。1926年夏，党组织派杨超回江西工作，任中共江西地方委员会委员。12月，中共德安县第一次党代会选举杨超为县委书记，领导群众积极策应北伐军进军。

1927年蒋介石发动四一二反革命政变后，全国陷入白色恐怖中，大批共产党员被杀害。杨超领导德安人民进行了坚决的反蒋斗争。1927年7月21日，杨超出席中共江西省第一次党员代表大会，当选为省委委员。7月25日，他组织召开了中共德安县第二次党员代表大会，贯彻省委精神，讨论应变策略，采取紧急措施，从而使党的革命力量未受到严重破坏。南昌起义之后，国民党反动当局疯狂反扑，德安陷入更加严重的白色恐怖之中，杨超遭到通缉，但他继续率领德安农军开展武装斗争。

1927年10月，杨超奉党组织之命到河南开展工作，参与组织领导革命斗争。12月23日，杨超出席党的武汉会议后返回江西，途中被国民党特务发现。为了引开敌人、保护同行的战友，杨超不幸被捕。敌人抓获杨超如获至宝，连夜开庭审讯，对他严刑拷打，威逼利诱，企图从他的口中得到党组织的秘密。面对凶恶的敌人，杨超表现了一个共产党员宁死不屈、忠于党的崇高气节。敌人无计可施，于1927年12月27日残酷地将他枪杀于南昌德胜门外下沙窝。临刑前，杨超面不改色，引吭高诵就义诗："满天风雪满天愁，革命何须怕断头。留得子胥豪气在，三年归报楚王仇。"

杨超牺牲时年仅23岁，但他那坚定的革命信念和视死如归的英雄气概至今仍为后世所景仰。

袁玉冰

为革命鼓与呼

袁玉冰，1899 年出生，江西泰和县人。1922 年考入北京大学哲学系，后经李大钊介绍，加入了中国社会主义青年团，不久加入了中国共产党。1927 年 12 月 13 日，由于叛徒出卖，不幸被捕，12 月 27 日，袁玉冰在南昌下沙窝刑场英勇就义，时年 28 岁。

英烈语录

光阴去我太匆匆，忽忽年临二十中。矢愿从今坚立志，要为世界主人翁。

——袁玉冰《二十初度感怀》

江西省泰和县老营盘镇五丰村附近的山腰上，袁玉冰烈士墓就在他出生地的那一片青山环抱中，墓碑上写着“革命事业立千秋，烈士精神传万代”。五月的雨丝丝缕缕地落在苍松翠柏上，诉说着英雄的事迹，令人肃立而思。

袁玉冰，1899 年出生，江西泰和县人。1922 年考入北京大学哲学系，并很快结识了中国共产主义运动的伟大先驱李大钊。后经李大钊介绍，加入了中国社会主义青年团，不久加入了中国共产党。

1923 年春，袁玉冰受党组织委派从北大回到南昌工作，从此走上了职业革命者的道路。在南昌，他与赵醒侬、方志敏等一起组织了“马克思学说研究会”和“民权运动大同盟”两个公开群众团体，并担任民权运动大同盟交际部主任，领导江西民众开展反对反动军阀的斗争。

1924 年 3 月，中共中央调袁玉冰到上海工作。同年 8 月，受党组织派遣，袁玉冰赴苏联莫斯科东方大学学习。1925 年 8 月按党的指示提前回国，任共青团上海地委宣传部主任、地委书记，为后来北伐军胜利进军江浙地区做了大量工作。

1926 年 10 月，袁玉冰参加上海工人第一次武装起义。年底，奉调回江西工作，担任共青团江西区委书记，并主编团的刊物《红灯》周刊，使之成为宣传革命理论、反击国民党新右派进攻的重要舆论阵地。后任中国共产党江西区委宣传部长、区党委书记等职。

“袁玉冰是江西地方党团组织的创始人之一，无产阶级革命先驱。他为马克思主义在中国的早期传播做出了贡献。”泰和县史志办主任刘捷说，

“他威武不屈、富贵不移，为实现崇高理想不惜抛头颅、洒热血的精神，是共产党人的楷模。”

1927年四一二反革命政变后，全国各地都陷入白色恐怖之中，大批共产党人和革命的工农积极分子惨遭杀害。在这危难时刻，袁玉冰毫无畏惧，于5月16日写下《蒋介石政府的危机》一文，深刻揭露蒋介石“清党”的实质，痛斥其镇压工农运动和叛变国民革命的种种罪行，号召人民奋起反抗，为自由而战，为解放而战。

不久，袁玉冰被任命为中共九江地委书记，他不惧危险，出生入死，积极组织赣北秋收暴动。11月，袁玉冰调任赣西特委书记，在吉安准备组织暴动。12月13日，袁玉冰化装进入南昌向省委汇报工作时，由于叛徒出卖，不幸被捕。敌人对他威逼利诱，用尽各种酷刑，他始终坚贞不屈，视死如归。12月27日，袁玉冰在南昌下沙窝刑场英勇就义，时年28岁。

“听前辈们说，爷爷非常爱学习，为了学习他什么苦都能吃，脚磨起了血泡用盐水泡一泡，再继续赶路。”袁玉冰的侄孙袁登泰说。袁登泰的儿子袁鑫真诚地表示：“太爷爷是个‘大人物’，我也要像他一样努力读书，为社会做贡献。”

于方舟

为有牺牲多壮志

于方舟原名于兰渚，1900 年 9 月 15 日生于直隶省宁河县（现为天津市宁河区）俵口村一个农民家庭。1921 年暑期，于方舟考入南开大学，研究马克思学说并组织了马克思主义研究会。1922 年，经李大钊介绍加入中国共产党。1927 年 12 月 30 日，于方舟被敌人杀害，年仅 27 岁。

英烈语录

狂澜四面严相逼，群生彼岸须舟亟。方舟负任一何重？方舟遭境一何逆？

——于方舟

五月的七里海，草木竞秀，百鸟云集。一百年前，于方舟就是在这里度过了他的童年和少年时代，也曾在这里躲过了敌人的围追堵截。

于方舟原名于兰渚，1900 年 9 月 15 日生于直隶省宁河县（现为天津市宁河区）俵口村一个农民家庭。幼年时，母亲常给他讲述林则徐、关天培等抗英故事和义和团反帝斗争的英勇事迹，使他受到了反帝爱国的启蒙。

1917 年秋，于方舟考入天津直隶省第一中学。中学时期，于方舟面对神州破碎、民不聊生的凄惨景况，自警道："狂澜四面严相逼，群生彼岸须舟亟。方舟负任一何重？方舟遭境一何逆？"遂以"方舟"为名，以此自奋，愿做"渡人之舟"，把祖国人民从水深火热中拯救出来。

1919 年五四运动爆发，于方舟立即投身于反帝爱国斗争的革命洪流。他组织"学生救国团"，任团长，并先后当选为天津学生联合会评议委员、天津市各界联合会学生代表。9 月，他倡导组织了进步团体"新生社"，创办了《新生》杂志。

1920 年 1 月 29 日，于方舟与周恩来等率天津爱国学生千余人赴直隶省公署请愿，要求政府释放此前被捕的爱国人士。学生的正义行动遭到军阀当局的野蛮镇压，于方舟与周恩来、郭隆真等请愿代表被捕入狱。在狱中，他与周恩来等同志一起同敌人进行了坚决的斗争。在全国舆论和天津各界群众声援下，于方舟等人被反动当局释放。

获释后，学校以宣传"过激主义"的罪名开除了他的学籍。回到家乡，面对广大农民终日在饥饿和死亡线上挣扎的惨状，他开始深入到劳动群众中去，宣传革命道理，组织农民进行革命斗争。为启发农民群众参加革命斗争，他用易于被农民接受的歌谣形式，编写破除迷信的小册子并广为散发。在他的启发引导下，当地农民的政治觉悟不断提高，有些农民自发组成请愿团，到县政府请愿，逐步走上革命斗争的道路。

1921 年暑期，于方舟化名于绍舜考入南开大学，研究马克思学说并组织了马克思主义研究会。1922 年，于方舟经李大钊介绍加入中国共产党。在李大钊领导下，建立社会主义青年团天津地区执行委员会，任委员长。第一次国共合作时，于方舟代表直隶省出席了国民党第一次全国代表大会，当选为国民党中央执行委员会候补委员，并任直隶省党部执行委员。同年，在中共中央和地方区委领导下，主持成立了中共天津地方执行委员会，任书记。

1927 年大革命失败后，党确立了实行土地革命和武装起义的方针，各地纷纷举行武装起义。10 月，北方局制定了《北方暴动计划》，决定在京津地区发动大暴动。于方舟以中共顺直省委组织部部长身份领导了冀东第二次玉田暴动。在战斗中起义部队遭到反动民团包围，分散突围时在丰润县河流沙地区被敌人包围，不幸被捕。1927 年 12 月 30 日晚，于方舟被敌人杀害，年仅 27 岁。

在天津市宁河区烈士陵园，矗立着一面独具特色的黑色大理石烈士墓墙，相关负责人介绍，烈士墓墙宽 48.12 米、高 2.7 米，宽度象征宁河人民解放时间，高度代表于方舟烈士牺牲年龄。

烈士陵园内修建了于方舟烈士纪念馆，馆内陈列着于方舟生前读过的书籍、撰写的文章、诗文等，再现了他组建天津共产党、开展学生运动、领导农民暴动等重要革命活动的历史画面。

于方舟是天津五四运动杰出的领导者之一，也是天津早期党团组织的重要负责人。南开大学于 1984 年 10 月 17 日建校 65 周年之际，在图书馆与新开湖之间的空地上修建了于方舟烈士纪念碑，以缅怀他在革命中做出的贡献。

南开大学毕业生褚亭如说："纪念碑南侧是碧波荡漾的新开湖，北侧是藏书百万的校图书馆，当年读书时每次路过这里都会产生一种爱国情怀，于方舟的精神一直激励着我们发扬革命传统，成为优秀的南开人。"

王一飞

不为时代之落伍者

王一飞，1898 年 11 月 17 日出生。1921 年，王一飞被派往苏联，在莫斯科东方大学学习，1922 年转为中国共产党党员，并担任中国社会主义青年团旅莫支部负责人。1928 年 1 月 11 日，由于叛徒告密，王一飞不幸被捕，1 月 18 日英勇就义。

英烈语录

我们的生活是奋斗的，在动的状态中，如庸夫庸妇之终老牖下，寸步不出雷池者，不可能，亦不愿！

——王一飞

走进浙江上虞丰惠镇小庙弄 6 号，抬眼就能看到一幢典型的明清庭院式建筑，俗称“王家台门”，坐南朝北，青砖墙，石库门，这里就是英烈王一飞的故居。

王一飞，1898 年 11 月 17 日出生。1910 年，考入绍兴山会初级师范学堂。1919 年，受五四运动影响，他前往上海探索革命真理，开始了革命的历程。

1921 年，王一飞被派往苏联，在莫斯科东方大学学习，1922 年转为中国共产党党员，并担任中国社会主义青年团旅莫支部负责人。1924 年 6 月，王一飞参加在莫斯科召开的青年共产国际（少共国际）第四次代表大会。同年 7 月，他以中共列席代表的身份参加了在莫斯科举行的共产国际第五次代表大会。

因国内革命斗争形势的需要，1925 年初夏，王一飞根据党的指示回到祖国，在中共中央军委工作，不久又被任命为上海区委书记，负责上海和浙江两省的党务工作。在上海工作期间，王一飞与陆缀雯结婚。他常对妻子说：“我们的生活是奋斗的，在动的状态中，如庸夫庸妇之终老牖下，寸步不出雷池者，不可能，亦不愿！”

北伐战争期间，当北伐军进入江西战场与军阀孙传芳部激战时，王一飞受党中央委派，以中共中央军事特派员的身份赴江西前线视察，加强与北伐军苏联总顾问加仑将军的联络，多次向中共中央汇报情况，反映江西战场敌我力量对比状况，就北伐军继续进军的方针和部署，提出切实可行的建议。

1927 年 1 月，王一飞回到上海后，在周恩来的领导下，紧张地投身于组织上海工人第三次武装起义的准备工作。四一二反革命政变后，国民党反动派大肆屠杀共产党人，上海处于白色恐怖之中。

危难之际，王一飞协助周恩来主抓军事工作，并以中央军委代表的身份参加了八七会议，会后被派往鄂北指导秋收暴动的准备工作。虽然这次暴动未能实现，但他在鄂北播下了革命种子，扩大了党的影响，为后来鄂北革命斗争的发展奠定了基础。

10 月中旬，党中央派王一飞和罗亦农前往长沙，负责改组中共湖南省委，并任命王一飞为中共湖南省委书记。根据中央指示，湖南省委决定举行长沙暴动，由王一飞任总指挥。曾与王一飞在一起工作的刘英回忆："在准备长沙暴动的日子里，一飞同志亲自积极组织联系，到处奔忙，辛苦万分，但他精神饱满，意气风发，并经常不断地鼓励我们。"

12 月 10 日，长沙暴动的枪声打响了。但由于敌我力量对比悬殊，暴动未能成功。长沙暴动失败后，白色恐怖再次笼罩长沙城。反动当局疯狂地搜捕共产党员和革命群众。1928 年 1 月 11 日，由于叛徒告密，王一飞不幸被捕。

1 月 18 日，王一飞高呼"中国共产党万岁！""工农暴动万岁！"的口号英勇就义。王一飞牺牲后，没有留下任何财产，只给妻子留下两人合拍的照片和两人往来的 51 封书信。

张叔平
一生赤胆为革命

张叔平，生于 1897 年，1917 年考入太原山西省立第一中学，对马克思主义学说产生了浓厚兴趣，投身于救国之路。1924 年加入中国共产党。后因叛徒出卖被捕，1928 年 1 月 20 日，张叔平英勇就义，时年 31 岁。

英烈挽歌

幽燕传英名沪浙抗蒋庭　铁骨镇鬼蜮热血染杭城

——张叔平纪念碑碑文

2018年是张叔平烈士就义90周年。这位牺牲时年仅31岁的革命战士，用崇高的革命气节和青春的热血，谱写了共产党人的不朽诗篇。

记者驱车来到张叔平出生的山西省方山县大武镇二村，这片英雄热土上正在发生翻天覆地的变化。村子正在整体拆迁，计划建新的居住小区，而张叔平的故居巍然屹立，如同他坚贞不屈的精神一样长存。

1897年，张叔平出生在当地一个普通农民家庭。他性格坚毅，勤奋好学，在学校里接触到具有民主革命思想的书籍，逐渐受到进步思想的熏陶。

1917年，张叔平考入太原山西省立第一中学，受到进步青年王振翼、高君宇、贺昌等人的影响，对马克思主义学说产生了浓厚兴趣，投身于救国之路。1919年五四运动时期，他参加了学生联合会组织的讲演团，积极投入到革命洪流中。

1923年，他加入中国社会主义青年团，1924年加入中国共产党。同年，中共太原支部成立，张叔平被选为支部书记。他遵照中共北方区委的指示，积极开展工作。在短短的一年时间里，先后在晋南、晋中、晋北的十余个县成立了党的基层组织。

1925年五卅运动爆发后，张叔平和中共太原支部领导山西人民开展了声势浩大的声援活动。1925年冬，由于全国革命高潮的出现，迫切需要干部，张叔平来到上海，先后担任中共上海杨浦区委书记、组织部部长，参加了上海工人的三次武装起义，有力地推动了上海工人运动的发展。

1927年蒋介石发动四一二反革命政变后，张叔平调往杭州，筹组中共浙江省委。6月，中共浙江省委成立，张叔平任组织部部长兼工人部部长，随后主持省委工作。不久，因叛徒出卖被捕。

在狱中，敌人对他施以各种酷刑，打得他遍体鳞伤，双腿被压断，但他没有屈服，始终坚守党的秘密。1928 年 1 月 20 日深夜，张叔平英勇就义，时年 31 岁。

在张叔平故居不远处的山上，当地政府为他立了一座碑，上面镌刻着“幽燕传英名沪浙抗蒋庭　铁骨镇鬼蜮热血染杭城”的碑文。

张叔平的堂孙张义明今年已 63 岁，是当地的一名退休教师。他告诉记者，为了解爷爷干革命时的具体事迹，他曾到太原、上海、杭州等地搜集资料，回来后把爷爷的英勇事迹讲给子孙后代。张义明说：“了解得越多越敬佩他，很伟大！爷爷受尽酷刑，始终不屈服，遵守党的纪律，保守党的秘密，无愧于人民！”

目前当地政府正在规划张叔平故居的修复保护工作，希望建一座烈士纪念馆，寄托吕梁人民对烈士的哀思之情。

周文雍和陈铁军 刑场上的婚礼

周文雍，广东开平人，1905年8月生。1923年加入中国社会主义青年团，1925年加入中国共产党。曾任中共广东区委工委委员、广州工人纠察队总队长、中共广州市委组织部部长兼市委工委书记等职。

陈铁军，原名陈燮军，广东佛山人，生于1904年3月。1924年秋，考入广东大学文学院预科。求学期间，为追求进步，铁心跟共产党走，她将原名燮军改为铁军。1926年4月加入中国共产党。

英烈语录

一个革命者应该学习古今中外伟大人物的高贵品质和英雄气概。

——陈铁军

头可断，肢可折，革命精神不可灭。壮士头颅为党落，好汉身躯为群裂。

——周文雍

“头可断，肢可折，革命精神不可灭。壮士头颅为党落，好汉身躯为群裂。”这是共产党员周文雍被捕后在监狱墙壁上写的一首不朽诗篇。

1928 年 2 月 6 日，周文雍与在革命斗争中建立爱情的女共产党员陈铁军一起，在广州红花岗刑场举行了悲壮的婚礼，从容就义。

周文雍，广东开平人，1905 年 8 月生。1923 年加入中国社会主义青年团，1925 年加入中国共产党。曾任中共广东区委工委委员、广州工人纠察队总队长、中共广州市委组织部部长兼市委工委书记等职。

陈铁军，原名陈燮军，广东佛山人，生于 1904 年 3 月。1924 年秋，考入广东大学文学院预科。求学期间，为追求进步，铁心跟共产党走，她将原名燮军改为铁军。1926 年 4 月加入中国共产党。

大革命失败后的 1927 年 10 月，周文雍被选为中共广东省委候补委员，投入广州起义准备工作。陈铁军受党的派遣，装扮成周文雍的妻子，参与准备广州起义。

1927 年 12 月 11 日凌晨，在张太雷、叶挺、恽代英、叶剑英、杨殷、周文雍、聂荣臻等领导下，震撼中外的广州武装起义爆发。广州起义给背叛革命的国民党新军阀以沉重打击，在激烈的战火中建立了“广州苏维埃政府”，周文雍被选为广州苏维埃政府人民劳动委员兼教育部部长。因力量悬殊，寡不敌众，广州起义在帝国主义支持下的各派反革命力量的联合进攻下，最终失败。周文雍率领部分起义武装，与十多倍于自己的敌人短兵相接，顽强拼搏，不怕牺牲，奋勇死战，最后杀出一条血路，突围撤离广州，辗转到香港，负责联络和安置撤到香港的同志。

1928 年 1 月，周文雍当选为中共广东省委常务委员兼广州市委常务委员，再次与陈铁军回到广州，重建党的机关。1 月 27 日，由于叛徒出卖，周文雍与陈铁军同时被敌人逮捕。

在狱中，他们备受酷刑，坚贞不屈。敌人无计可施，决定判处他们死刑。在共同进行革命斗争的过程中，周文雍和陈铁军产生了爱情。但为了革命事业，他们将爱情一直埋藏在心底。

在生命的最后时刻，他们决定将埋藏在心底的爱情公布于众，在敌人的刑场上举行了革命者婚礼，表现了大无畏的英雄气概。

江门市为了纪念周文雍和陈铁军，在百合镇茅岗村修建了周文雍陈铁军烈士陵园。陵园占地面积两万平方米，坐南向北，建有牌坊、纪念碑、纪念馆、纪念亭、塑像、悼念广场等纪念设施。

陵园内，在 20 多米高的平台上建有高 31.6 米的纪念碑，碑上镌刻叶选平的题词“周文雍陈铁军烈士纪念碑”，碑座正面镌刻的碑文上记录着两位烈士的革命事迹。左面刻着陈铁军烈士的箴言：“一个革命者应该学习古今中外伟大人物的高贵品质和英雄气概。”右面刻着周文雍烈士就义前写的著名诗句：“头可断，肢可折，革命精神不可灭。壮士头颅为党落，好汉身躯为群裂。”

马骏

播撒信仰火种的革命先驱

马骏，又名马天安，天津觉悟社创始人之一，著名的爱国学生运动领袖，中国革命的先驱。1927 年，马骏担负起中国共产党北京市委的组织恢复和重建工作。但不久被奉系军阀拘捕，1928 年英勇就义，年仅 33 岁。

英烈语录

只要我还有一口气，叫我不宣传马列主义，不搞革命，这比太阳从西边出来还难。

——马骏

5月的古城宁安，已是草木葱茏。在黑龙江省宁安市带状公园中，苍松翠柏掩映下的马骏纪念馆显得更加庄重肃穆。“马骏用舍生取义、不畏生死、一心为国的崇高爱国主义精神，写下了爱国、救国、殉国的革命篇章，将永远感召和激励着我们家族为伟大复兴的中国梦而努力奋斗。”马骏烈士的重外孙女、宁安市马骏纪念馆讲解员韩琳琳说。

马骏纪念馆为三层仿古建筑，飞檐下悬挂着邓颖超亲笔题写馆名的匾额。据马骏纪念馆馆长关微介绍，纪念馆通过实物、创作画、大型灯箱画、照片、圆雕、浮雕、沙盘、仿真人场景再现、影视厅循环播放文献片、各级领导人题词，生动翔实地再现了马骏烈士的革命生涯以及党和人民对他深切的缅怀。

马骏，又名马天安，回族，天津觉悟社创始人之一，著名的爱国学生运动领袖，中国革命的先驱者。1915年，他进入天津南开学校读书，初步受到爱国主义教育，参加到周恩来等组织的“敬业乐群社”，并两任学校的演说会、学生讨论会及自治励学会会长，又任义塾服务团总董及教务长，后考入南开大学。

五四运动中，他站在前列奔走呼号，发起并成立了学生联合会，成为五四运动京津地区主要青年领袖之一。他与周恩来、邓颖超等20多名进步青年共同创立了革命进步团体“觉悟社”。邓颖超评价他“具有高度的爱国思想，富有正义感，为人正直，性格豪爽，工作干练，认真负责……他积极参加实际斗争，不怕反动统治者的迫害，表现出高度的爱国热情和英勇的革命精神”。1922年，他回到家乡宁安，组建了东北地区第一个中共党组织“宁安党小组”，从事地下工作。

1925年秋，马骏赴莫斯科留学。他与王稼祥、张闻天、邓小平、杨尚昆、左权、伍修权等人成为莫斯科中山大学的第一期学员。在莫斯科中山大学，马骏学习非常刻苦，很受同学们尊敬。1926年9月中山大学学生会成立时，被选为书记。

1927年，白色恐怖笼罩大江南北，正在苏联莫斯科中山大学研习社会理论的马骏毅然受命归国，担负起中国共产党北京市委的组织恢复和重建工作。马骏的工作危险重重，但他说：“党既然给我这个任务，赴汤蹈火在所不辞，不能知难而退，只有多加谨慎而已。”马骏在东城、崇文等区积极开展秘密活动，很快重建起北京市委。但不久被奉系军阀拘捕，1928年英勇就义，年仅33岁。

马骏牺牲后，北京民众冒着生命危险将他安葬。新中国成立后，党和国家为他举行了公祭仪式，并把他的坟墓迁到北京日坛公园，供后人瞻仰缅怀。

马骏光辉而短暂的一生，始终坚守着一个时代先锋忠贞不渝的信仰。每到一处，他都高举革命的火把，点燃一片炽热的火海，把旧世界烧焦，化成新中国诞生的沃土。作为共产党员，面对敌人的诱逼和酷刑，他坚定回答：“只要我还有一口气，叫我不宣传马列主义，不宣传革命，这比太阳从西边出来还难。”

郭亮

『有名的工人运动的组织者』

郭亮，又名靖嘉，湖南长沙人，1901 年 12 月 3 日出生于望城县铜官镇射山冲上文家坝（今望城区铜官街道郭亮村）。1921 年，由毛泽东介绍加入中国共产党。1928 年 3 月 27 日，由于叛徒告密，郭亮在岳阳被捕，29 日被秘密杀害于长沙司门口前坪，年仅 27 岁。

英烈语录

望善抚吾儿，以继余志！

——郭亮遗书

从长沙城出发，沿湘江东岸北上，大约 30 多公里就到了长沙市望城区铜官街道，郭亮纪念园坐落于当地一个丘陵起伏、草木葱茏的小村子里。

长沙市望城区文物管理局副局长李峥嵘介绍，2001 年，为纪念郭亮诞辰 100 周年，望城区重修了烈士墓，贯通了入园道路，修建了陈列馆、围墙、水塘护坡，并征用了 40 亩墓地风景保护林辟为郭亮陵园。2011 年，郭亮陵园更名为郭亮纪念园。

郭亮，又名靖嘉，湖南长沙人，1901 年 12 月 3 日出生于望城县铜官镇射山冲上文家坝（今望城区铜官街道郭亮村）。郭亮是毛泽东的亲密战友，毛泽东在延安谈起郭亮时，赞扬郭亮是“有名的工人运动的组织者”。

1916 年，郭亮在长沙长郡联立中学学习。1920 年秋，考入湖南省立第一师范。毛泽东当时在一师附小担任主事，郭亮经常去向他求教。经毛泽东介绍，郭亮加入新民学会。不久，加入了中国社会主义青年团。1921 年，郭亮由毛泽东介绍加入中国共产党。

入党后，郭亮主要从事工人运动，先后任湖南省工团联合会副总干事、总干事，湖南省总工会委员长，中共湖南省委委员省委工运部部长，成为著名的工人运动领袖。

1922 年 8 月，郭亮被派到湖南岳阳从事铁路工人运动，组织工人成立粤汉铁路岳州工人俱乐部，9 月，为抗议铁路当局虐待工人，他带头卧轨，发动了震撼全国的粤汉铁路工人大罢工。

1927 年 5 月，郭亮在中共第五次全国代表大会上当选为中央候补委员。不久，任中共湖南省委代理书记。大革命失败后，郭亮到贺龙第二十军做政治工作，随部队参加了八一南昌起义。1928 年 1 月，郭亮任中共湘鄂赣边特委书记，到岳阳组织武装起义。他在岳阳化名李材开了家“李记煤栈”作为特委机关，又开了一处饭铺做地下秘密交通站，恢复和发展党组织，发动工农开展武装斗争。由于他的努力工作，湘鄂赣三省边界的党组织得到恢复和发展。

1928年3月27日，由于叛徒告密，郭亮在岳阳被捕，于第二天押送长沙，29日被秘密杀害于长沙司门口前坪，年仅27岁。郭亮被害前，给妻子李灿英写了一封遗书，“望善抚吾儿，以继余志！”表现了他对革命必胜的信心。

郭亮牺牲90年后的今天，他的家乡长沙市望城区铜官镇发生了翻天覆地的变化。近些年，这个有着深厚文化底蕴和优秀红色基因的古镇逐渐复兴，先后获评第三批“中国乡村旅游创客示范基地”、国家建制镇示范试点单位、湖南省首批“经典文化镇”等殊荣。

夏明翰

就义感召『后来人』

夏明翰（1900—1928），字桂根，出生于湖北秭归，坚定的马克思主义者、杰出的共产主义战士。

英烈语录

砍头不要紧，只要主义真。杀了夏明翰，还有后来人！

——夏明翰

湖南衡阳县洪市镇礼梓村，一条青石小道通向夏明翰故居。这是一座深宅大院，有 40 多间房屋。来到故居的参观者常心生疑问：“一个富家子弟为何舍弃安逸生活投身革命？”

正是从这里出发，夏明翰走上了革命道路，一步步成为坚定的马克思主义者、杰出的共产主义战士，并在生命的最后时刻，写下气壮山河的就义诗——“砍头不要紧，只要主义真。杀了夏明翰，还有后来人！”

夏明翰（1900—1928），字桂根，出生于父亲居官的湖北秭归，12 岁时随全家回到家乡衡阳。少年夏明翰，贴近劳苦大众，表现出对国外列强的强烈不满。有一次他和母亲途经汉口时，看到滔滔长江上悬挂外国国旗的船舰横冲直撞，心中无比愤慨，当即写下“国耻恨难消”的诗句。

1917 年春，夏明翰违背祖父意愿，怀着“工业救国”梦想，考入湖南省立第三甲种工业学校。1919 年，五四运动爆发，他和同学们走出校门，开展了抵制日货等一系列爱国运动。

1920 年，夏明翰在长沙结识了毛泽东。1921 年，经毛泽东、何叔衡介绍，夏明翰加入中国共产党。入党后，夏明翰在长沙从事工人运动，参与领导了人力车工人罢工斗争，代表人力车夫向当局严正表明“我们反加租，我们要活命”立场，领导工运取得胜利。

1924 年，夏明翰担任中共湖南省委委员，负责农委工作。1926 年 2 月，他到武汉任全国农民协会秘书长，兼任毛泽东和中央农民运动讲习所秘书。1927 年 6 月，夏明翰回湖南任省委委员兼组织部长。同年 7 月，大革命失败后，他参与发动秋收起义。10 月，湖南省委派他兼任平（江）浏（阳）特委书记，领导发动了平江农民暴动。

1928年1月，党组织决定调夏明翰到湖北省委担任领导工作。此时，女儿夏芸出生才两个月，夏明翰只能离妻别女独自前往武汉。临行前，他意识到此行凶多吉少，特意从街铺买来一颗红珠，赠予妻子郑家钧，并以诗明志："我赠红珠如赠心，但愿君心似我心。善抚幼女继吾志，严峻考验不变心。"

1928年3月18日，由于叛徒出卖，夏明翰不幸被捕。3月20日清晨，被押送刑场。行刑之前，敌人问夏明翰还有什么话要说，他大声道："有，给我拿纸笔来！"于是，写下了那首传颂至今的就义诗。

年仅28岁的夏明翰壮烈牺牲后，谢觉哉等同志组织工人将夏明翰的遗体偷运出来，安葬在汉阳城外长江江畔的鹦鹉洲上。

"杀了夏明翰，还有后来人！"夏明翰牺牲后的3月22日，弟弟夏明震在湘南暴动中英勇献身。同年6月，妹妹夏明衡面对敌人的抓捕，殉身成仁。弟弟夏明霹、外甥邬依庄也先后为革命献出了年轻的生命。

夏明翰故居的陈列室里，保存着夏芸2005年从江西寄来的书信复印件。这位烈士后人在信中情真意切地写道："在和平年代，要当好'后来人'，只有堂堂正正为人，踏踏实实工作……永远保持光荣传统，爱国爱民，廉洁奉公……"

"夏明翰是共产党人坚守共产主义信仰的一面旗帜、一座丰碑。"中共衡阳县委党史研究室主任汤志春评价说。如今，衡阳建有夏明翰广场、明翰公园、夏明翰中学，逢五逢十开展大型纪念活动，不定期开展红色主题宣传活动。

夏明翰烈士牺牲整整90年，他立志图强的祖国发生了翻天覆地的变化，而其精神历久弥新，感召和激励着一代又一代"后来人"。

罗亦农
从容就义真英雄

罗亦农，1902年5月出生于湖南湘潭县易俗河镇。1921年，罗亦农与刘少奇、任弼时等同志一起赴莫斯科东方劳动者共产主义大学学习，同年冬加入中国共产党。1928年4月15日，罗亦农因叛徒出卖，在上海英租界被捕。4月21日，罗亦农在上海龙华从容就义，年仅26岁。

英烈语录

慷慨登车去，相期一节全。残躯何足惜，大敌正当前。

——罗亦农

每年清明，湖南省湘潭县党政干部、师生都会怀着崇敬之情来到湘潭县易俗河镇青狮村罗亦农故居遗址，纪念中国共产党最英勇的战士罗亦农。在湘潭这片红色热土上，罗亦农的故事流传甚广，他的丰功伟绩是家乡人民心中一座不朽的丰碑。

罗亦农，湖南湘潭人，1902 年 5 月出生于湘潭县易俗河镇，1916 年考入教会学堂益智学校学习。1919 年夏，他到上海“边工边读”，通过《新青年》《劳动界》等进步杂志，阅读了大量宣传马克思主义的文章和介绍新思想的书籍，并认识了陈独秀等人。

1920 年，罗亦农进入上海中国共产党早期组织创办的“外国语学社”学习俄语，同年和张太雷、俞秀松等人组织并加入中国社会主义青年团。1921 年，罗亦农与刘少奇、任弼时等同志一起赴莫斯科东方劳动者共产主义大学学习，同年冬加入中国共产党。

1925 年 3 月，罗亦农回国，任中共广东临时委员会成员，后任中共广东区委宣传部长，参与组织和领导省港大罢工。同年 10 月，调北京任中共北方区委党校校长，12 月起调任中共上海区（即江浙区）执委会书记，后兼任上海区执委会军事特别委员会书记和军事运动委员会主任。

1926 年 11 月和 1927 年 2 月，罗亦农与赵世炎等人两次领导上海工人举行起义，均未成功。但他没有气馁，积极参加中共中央和上海区委准备第三次武装起义的工作。1927 年 3 月 21 日，他与陈独秀、周恩来、赵世炎等一道，及时指挥发动上海工人总罢工，并随即转为武装起义。第三次武装起义取得成功。3 月 22 日，上海市工商学各界举行代表会议，选举 19 人组成上海临时市政府，罗亦农被选为临时市政府委员。

蒋介石发动四一二反革命政变后，罗亦农奉命调离上海，到武汉参加党的五大，并当选中央委员。1927 年 5 月至 9 月，他先后任中共江西省委书记、湖北省委书记。在八七会议上，罗亦农被选为中共中央临时政治局委员，11 月被选为中共中央临时政治局常委。先后担任中共中央军事部代部长、中共中央组织部部长、中共中央长江局书记等职，负责领导湖北、湖南、江西、四川、安徽、陕西等省的工农革命与党的工作。1927 年底离开武汉前往上海中共中央机关工作。

为筹备召开党的六大，罗亦农冒着极大危险，到湖南、湖北等地了解情况，在上海听取各地同志汇报情况，掌握大量第一手资料，为党制定全国革命斗争方针做准备。他还与瞿秋白一起拟写提交六大的《党纲草案》。

“慷慨登车去，相期一节全。残躯何足惜，大敌正当前。”这是罗亦农被捕后在狱中写下的绝命诗。1928 年 4 月 15 日，罗亦农因叛徒出卖，在上海英租界被捕。4 月 21 日，罗亦农在上海龙华从容就义，年仅 26 岁。他把满腔热血献给了中国人民革命事业。

1928 年 5 月 30 日出版的《布尔塞维克》第 20 期发表了中共中央《悼罗亦农同志》的专文，其中写道：“罗亦农同志的热烈的革命精神，可为中国共产党全党党员的楷模。”

湘潭市地方史志研究学者何歌劲说：“罗亦农同志是我国最早的一批接受马克思主义的知识分子之一。他重视革命实践，与工农大众始终保持了密切的联系。他不幸被捕后，表现出了坚定的革命信念与视死如归的高贵品格。他为革命献身，在短短的 26 年人生里，塑造了中国共产党人的楷模形象。他是湘潭人的骄傲！”

魏野畴

临危不惧、浩气永存

魏野畴，1898 年 3 月出生于陕西兴平。1923 年初经李大钊介绍，魏野畴加入中国共产党，是我党早期的宣传活动家。1928 年 4 月 8 日晚，阜阳起义因叛徒告密提前行动，敌我力量悬殊，战斗非常惨烈。4 月 10 日凌晨魏野畴被敌人杀害，年仅 30 岁。

英烈挽歌

一拜哀思起，如披烽火光。浩气贯长虹，眠愁忧民殇。临泉颍水泪，月牙枣荫长。何以度英魂，他乡作故乡。

——魏野畴的曾孙女魏策策扫墓有怀

“一拜哀思起，如披烽火光。浩气贯长虹，眠愁忧民殇。临泉颍水泪，月牙枣荫长。何以度英魂，他乡作故乡。”这是英烈魏野畴的曾孙女魏策策扫墓有怀，写下的一首诗。

魏野畴，1898 年 3 月出生于陕西兴平一户农家。幼年在本村私塾读书，1912 年考入西安三秦公学，1917 年考入北京高等师范学校。1919 年参加五四运动。受陈独秀、李大钊等人的影响，他开始学习马克思列宁主义。

1920 年，魏野畴参与发起了陕西旅京学生联合会，并创办《秦钟》月刊，以“唤起陕人之自觉心”。同年冬魏野畴加入中国社会主义青年团。

1921 年，魏野畴撰写了《中国近世史》一书，初步运用马克思主义的立场、观点和方法解释中国近代历史。同年夏，魏野畴毕业回到陕西，任教于华县。任教期间，他不遗余力地宣传马克思主义，向学生介绍《新青年》《向导》等进步刊物，组织学生参加社会活动。

1922 年魏野畴再次来到北京，参与组织陕西旅京学生进步团体共进社，出版《共进》半月刊，任负责人，同时为《共进》撰稿。

1923 年初经李大钊介绍，魏野畴加入中国共产党。同年春，应邀到榆林任教，在青年学生中广泛进行革命宣传。魏野畴在华县和榆林任教期间，影响和培养了刘志丹、吉国桢、潘自力、高克林、阎揆要、王子宜等一批进步青年和学生，使他们纷纷走上革命道路，先后加入中国共产党，成为党的优秀干部和红军的骨干。

1924 年夏，魏野畴参与建立了西安市第一个青年团支部。

1925 年，魏野畴在西安先后领导了驱逐军阀吴新田和反对教育界封建顽固势力的群众运动。同年秋，魏野畴参与组建共青团西安特别支部，担任特别支部委员；后参加国民党陕西省党部筹建工作。在此期间，他创办了《西安评论》，成为当时陕西宣传革命思想、促进革命运动发展的重要阵地，被誉为陕西“革命舆论的唯一指导者”。

1927 年 1 月，国民联军驻陕司令部在西安成立，魏野畴任政治部副部长。2 月，中共陕甘区委在西安成立，魏野畴任委员，负责区委宣传工作。7 月，中共陕甘区委改为陕西省委，魏野畴任陕西省军委书记。此时，国民党四处悬赏通缉魏野畴，他在陕西已难以立足，省委同意他接受杨虎城的邀请，前往河南展开工作。

1928 年 1 月，蒋介石派人打入杨虎城部活动，威逼其逮捕魏野畴等共产党员，遭到杨虎城拒绝。2 月 9 日，魏野畴连夜召回 70 多名党员干部参加会议，会议通过了在皖北举行武装起义、建立豫皖平原根据地等决议，决定成立中共皖北临时特委，魏野畴任书记。

4 月 8 日晚，阜阳起义因叛徒告密提前行动，由于敌我力量悬殊，战斗非常惨烈。在敌人的重兵包围下，魏野畴仅率百余人突出重围，从阜阳转移到老集，但立足未稳又遭国民党部队包围。

魏野畴临危不惧，向敌人宣传党的政策，动员其弃暗投明。敌人佯装谈判，将魏野畴等人抓了起来。魏野畴与胡怀西趁深夜看守懈怠之机，咬断身上的绳索撤退。魏野畴考虑二人同时撤离目标太大，故让胡怀西单独转移，寻找组织汇报情况，自己留下坚持斗争。敌人发现后恼羞成怒，于 4 月 10 日凌晨将年仅 30 岁的魏野畴杀害。

为纪念魏野畴等烈士，永昭后人，当地政府在阜阳建立了革命烈士纪念馆，在王官集建立了四九起义纪念馆，在太和县草寺集修建了革命烈士墓和纪念碑，成为干部群众学习和弘扬革命精神生动的课堂。

向警予

『模范妇女领袖』

向警予（1895—1928），原名向俊贤，女，湖南溆浦县人。中国共产党早期重要领导人之一，杰出的共产主义战士，忠诚的无产阶级革命家，中国妇女运动的先驱。1928 年 3 月 20 日，由于叛徒的出卖，向警予不幸被捕。5 月 1 日，向警予被押赴刑场，英勇牺牲，时年 33 岁。

英烈挽歌

要学习大革命时代牺牲了的模范妇女领袖、女共产党员向警予。她为妇女解放、为劳动大众解放、为共产主义事业奋斗。

——毛泽东

溆水河畔，松柏青翠，夕阳的余晖洒落在向警予故居的白墙青瓦上，宁静，肃穆。与之相邻的向警予铜像纪念碑广场，每天来此参观的游客络绎不绝。一代妇女领袖向警予的革命英雄事迹，在湖南怀化溆浦县大地上，远播四方。

向警予（1895—1928），原名向俊贤，女，湖南溆浦县人。中国共产党早期重要领导人之一，杰出的共产主义战士，忠诚的无产阶级革命家，中国妇女运动的先驱。

向警予1895年9月出生于溆浦县城一个殷实的商人家庭。1912年以优秀成绩考入湖南省立第一女子师范学校，两年后转入周南女校，并将名字改为向警予，表示对封建势力的高度警惕和反抗。向警予在这里认识了蔡畅，并通过她结识了蔡和森和毛泽东。

1916年夏，向警予从周南女子中学毕业，回溆浦创办男女兼收的新型学校——溆浦县立女子学堂，以“自治心，公共心”为校训，重视新思想的传播，尊重学生个性，反对“驰骤之若牛马”的奴化教育。

1919年秋，向警予参加了毛泽东、蔡和森等创办的革命团体新民学会。同年10月与蔡畅等组织湖南女子留法勤工俭学会，成为湖南女界勤工俭学运动的首创者。12月，向警予和蔡和森一起赴法勤工俭学。她发奋学习马克思主义经典著作，积极参加工人运动实践，从一个激进民主主义者迅速成长为共产主义战士，坚定地支持蔡和森的建党主张，积极参与建党工作。

共同的理想信念使向警予和蔡和森产生了爱情，1920年他们在法国蒙达尼举行了婚礼。

1922 年初向警予回国后正式办理了入党手续，开始领导中国最早的无产阶级妇女运动，在妇女解放运动史上做出了不可磨灭的贡献。1925 年 5 月，任中共中央妇女部主任，并增选为第四届中央委员和中央局委员。

五卅惨案发生后，向警予领导上海妇女界参加了这场反帝爱国斗争。

1925 年 10 月，向警予赴莫斯科东方劳动者共产主义大学学习。1927 年 4 月回国，在中共汉口市委宣传部和市总工会宣传部工作。大革命失败后，党的大部分领导同志先后转移，向警予主动要求留在武汉，坚持地下斗争。有的同志考虑到她在社会上影响很大，在白色恐怖笼罩下的武汉太危险，劝她离开武汉到上海去。向警予说：武汉三镇是我党重要的据点，许多重要负责同志牺牲了，我一离开，就是说我党在武汉失败了，这是对敌人的示弱，我决不能离开！

1928 年 3 月 20 日，由于叛徒的出卖，向警予不幸被捕。敌人对她实施了严刑逼供，但她始终坚贞不屈，严守党的秘密，严守共产党员的操守，表现了共产党人的浩然正气和崇高品格。

国民党新军阀决定在 5 月 1 日这个全世界工人阶级的节日里杀害她。向警予视死如归，在走向刑场的路上，沿途向广大群众进行演讲。敌人对此极端恐惧，宪兵们殴打她，想使她不再说话，但她仍然坚持地讲下去。残酷的刽子手向她嘴里塞进石头，又用皮带缚住她的双颊，街上许多人看了都哭泣起来。向警予被押赴刑场，为中国人民的解放事业英勇牺牲，时年 33 岁。

蔡和森闻讯后写下《向警予同志传》表达浓浓怀念。他在文中写道："伟大的警予，英勇的警予，你没有死，你永远没有死！你不是和森个人的爱人，你是中国无产阶级永远的爱人！"

1939 年在延安纪念三八妇女节大会上，毛泽东在讲话中，高度评价了向警予的一生。他说："要学习大革命时代牺牲了的模范妇女领袖、女共产党员向警予。她为妇女解放、为劳动大众解放、为共产主义事业奋斗了一生。”

向警予故居 1996 年 11 月被国务院公布为全国重点文物保护单位。由故居、生平事迹陈列室和警予铜像广场三部分组成的向警予同志纪念馆，2005 年被列为国家级 AAA 旅游景区，是进行革命传统教育的重要场所，又是著名的红色旅游景点。

向警予创办的溆浦女校，也更名为警予学校，她当年亲自编写的校歌，在一代又一代师生中传唱。

史砚芬

坚贞不屈、虽死犹存

史砚芬，1903年3月出生于江苏宜兴。1928年5月5日，由于叛徒出卖，史砚芬不幸被捕。同年9月27日，在南京雨花台英勇就义，年仅25岁。

英烈语录

> 我的死是为着社会、国家和人类，是光荣的，是必要的。我死后，有我千万同志，他们能踏着我的血迹奋斗前进，我们的革命事业必底于成，故我虽死犹存。
>
> ——史砚芬

1928年9月27日，一位年轻人在南京雨花台高唱雄浑悲壮的《国际歌》，眼神坚定有力。一声无情的枪响，他倒在血泊中，从容走完了生命的最后一程。他就是雨花英烈史砚芬。

史砚芬1903年3月出生于江苏宜兴。中学期间他就投身到五四爱国运动的洪流中。1927年春，北伐军进抵宜兴，史砚芬开始接触马列主义思想，逐步树立起共产主义信念。不久他加入中国共产主义青年团，参与组织农民协会，与土豪劣绅进行斗争。在轰轰烈烈的革命斗争中，史砚芬转为中国共产党党员，任共青团宜兴县委书记。

大革命失败后，国民党反动派大肆屠杀共产党人。在一片白色恐怖中，史砚芬以满腔热情忘我地为党工作。他在宜兴先后组织并领导了声势浩大的“教师索薪”“农民搞粪捐”和“双十节驱逐国民党县长”三大运动。

1927年11月，在中共江苏省委领导下，震撼大江南北的宜兴农民暴动打响江南农民暴动第一枪，史砚芬担任了这次暴动的副总指挥。宜兴农民暴动失败后，史砚芬被任命为共青团南京市委书记。他深入南京及周边各地，宣传八七会议精神，发动民众组织。同年12月，在中共南京市委第一次代表大会上，史砚芬当选为中共南京市委委员，负责共青团工作。从此，他活跃在南京各大校园内外，领导大学团组织开展革命斗争。

1928年5月5日，史砚芬在南京会议时，由于叛徒出卖，不幸被捕。在狱中，他受尽了敌人的严刑拷打，始终坚贞不屈。同年9月27日，在南京雨花台英勇就义，年仅25岁。

史砚芬就义时给弟弟妹妹留下了呼唤时代、益教后世的诀别信：“我的死是为着社会、国家和人类，是光荣的，是必要的。我死后，有我千万同志，他们能踏着我的血迹奋斗前进，我们的革命事业必底于成，故我虽死犹存。我底肉体被反动派毁去了，我的自由的革命的灵魂是永远不会被任何反动者所毁伤……好！弟妹，今生就这样与你们作结了。”

2018 年 3 月底，一档人文艺术类电视节目《信 · 中国》诵读了史砚芬这封写给弟弟妹妹的诀别信。很多宜兴人观看了这期节目，了解了这位英烈的故事，学习他的革命精神。“缅怀先烈，致敬英烈。正是他们的牺牲才有了我们今天生活的美好。”居民胡兴看完节目后发表了自己的观后感。

在宜兴官林镇义庄村史氏祠堂的三进古建筑最后面的一棵雪松下，有一块纪念碑，碑面上刻有史砚芬的生平事迹。每年，都有很多人慕名前来瞻仰。年逾 80 岁的义庄村民史培川老人与史砚芬的妹妹熟识，小时候常听史砚芬的故事。多年来，史培川一直保存着史砚芬的妹妹用来祭奠哥哥的 9 盏酒盅，后将其捐给了宜兴当地的博物馆。史培川说：“应该让烈士精神永远被后人继承和弘扬下去。”

陈乔年

让子孙后代享受前人披荆斩棘的幸福

陈乔年，安徽怀宁人，陈独秀次子，生于1902年。1928年2月16日，中共江苏省委机关遭到上海国民党反动派的破坏，陈乔年等被捕。牺牲时，陈乔年年仅26岁。

英烈语录

> 让我们的子孙后代享受前人披荆斩棘的幸福吧！
>
> ——陈乔年

“让我们的子孙后代享受前人披荆斩棘的幸福吧！”这句被铭刻在上海龙华烈士馆陈列室墙上的话，是1928年6月6日牺牲在上海龙华的陈乔年烈士就义前的慷慨陈词。牺牲时，陈乔年年仅26岁。

陈乔年，安徽怀宁人，陈独秀次子，生于1902年。1915年入上海法语补习学校学习，两年后进入震旦大学学习。1919年底赴法勤工俭学，1922年发起成立旅欧中国少年共产党，同年转为中国共产党党员，是中共旅欧支部领导成员之一。1923年4月到苏联莫斯科东方劳动者共产主义大学学习。1924年冬回国，先后任中共北京地委组织部部长、北方区委组织部部长。1926年3月18日，北方区委组织一万多名群众，声讨英美日等八国无理通牒中国的罪行。在陈乔年等北方区委领导人的带领下，游行示威群众向段祺瑞执政府门前行进，陈乔年被敌人刺刀刺伤胸口，在这种情况下，他仍然组织群众进行撤离。

1927年，陈乔年在中共五大上当选为中央委员。同年5月任中共中央组织部副部长；6月起任中共顺直省委委员、中共中央代秘书长。

大革命失败后，中共中央于1927年8月7日在汉口召开紧急会议，陈乔年出席会议，并对他父亲陈独秀在大革命中所犯的错误进行了严肃的批评。会后，他被党中央调任湖北省委组织部部长；同年秋，又被调任中共江苏省委组织部部长。他秘密深入工厂、机关和学校，恢复被国民党反动派破坏的党组织，重新聚集革命力量。

1928年2月16日，中共江苏省委机关遭到上海国民党反动派的破坏，陈乔年等被捕。在狱中，敌人对陈乔年施尽酷刑。他坚贞不屈，始终严守党的秘密。狱中同志见他受了重刑，十分难受，他却淡淡地说：“受了几下鞭子，算个啥！”他还常常利用机会，给大家讲故事，鼓励同志们保持革命气节。敌人将他们押走行刑前，陈乔年对狱友们说：“让我们的子孙后代享受前人披荆斩棘的幸福吧！”

“陈乔年烈士所憧憬的幸福也正是千千万万革命烈士为之前赴后继的动力之所在。”安庆师范大学历史系教授朱洪说，“在奔腾不息的历史长河中，陈乔年作为革命先行者追求真理和正义、谋求人民幸福的伟大献身精神，融入中华文明的大江大海，永远不会枯竭。”

冯平

『革命不怕死，怕死不革命』

冯平，1899年3月出生于海南省文昌县。1924年10月，加入中国共产党。1928年5月9日，由于叛徒出卖，冯平在琼山县西昌地区仁教岭被国民党军包围，弹尽负伤被捕。1928年7月4日，冯平在澄迈县金江镇英勇就义，年仅29岁。

英烈语录

革命不怕死，怕死不革命，杀了一个冯平，还有千万个冯平！革命是杀不绝的，共产主义一定会实现！

——冯平

时值初夏，位于海南省文昌市东路镇美德村的冯平同志纪念馆绿树成荫，在庭院中身穿戎装的冯平全身铜像的注视下，各地游客迈入青砖牌坊式样的大门，追思烈士往日的风采。

冯平，1899 年 3 月出生于海南省文昌县。1921 年，他在华侨的赞助下考入上海文华大学，一年后考入广东高等师范学校英语部读书。在此期间，冯平开始大量阅读革命书刊，接受共产主义思想，向往十月革命道路。1923 年，冯平被党组织选送到苏联莫斯科东方劳动者共产主义大学学习；1924 年 10 月，加入中国共产党。

1925 年 8 月冯平回国，任中央农运特派员，在广东省农民协会工作。同年 10 月，参加国民革命军东征，讨伐陈炯明、邓本殷等反动军阀势力。1926 年 2 月，任广东省农民协会琼崖办事处主任。

1926 年 6 月，冯平在琼崖第一次党代会上当选为中共琼崖地方委员会委员兼军事部长；同年 8 月任琼崖农民协会主席。在冯平等人的努力下，海南各地大多先后建立起农会组织，农会会员近 20 万人。

1927 年 1 月，琼崖农民协会创办琼崖高级农民军事政治训练所，冯平任所长。他曾多次勉励学员："你们是海南农民运动的骨干，将来农民打仗要靠你们带领和指挥。你们要好好学习军事，学会带兵打仗。"他还提醒大家："革命道路是不平坦的，前进中必然会有曲折，会遇到许多困难。要立志战胜困难，争取胜利！"

1927 年 4 月 22 日，国民党新军阀在海南发动政变，屠杀共产党人和革命群众。党组织发动和组织群众，领导"农军"开展武装斗争，反抗国民党反动派的屠杀政策。7 月，中共琼崖特委将各县革命武装统一改编为琼崖讨逆革命军，冯平任总司令。

1927 年 9 月上旬，琼崖特委决定举行全琼武装总暴动。冯平被派往西路，统一组织指挥琼崖西路的澄迈、临高、儋县三县的武装暴动。11 月，琼崖讨逆革命军改编为工农革命军，冯平仍任总司令兼任西路总指挥。

1928 年 3 月，广东省国民党反动当局派大批部队对琼崖苏区和工农革命军进行“围剿”。面对优势敌人的进攻，冯平等决定将部队分散活动，开展游击战。由于叛徒出卖，5 月 9 日冯平在琼山县西昌地区仁教岭被国民党军包围，弹尽负伤被捕。

在冯平同志纪念馆里，一幅连环画记录了冯平被捕后的场景：几个国民党兵抬着一个双手被绑在竹椅上的青年往金江转移。为了大造舆论，敌人不仅四处张贴“共匪头冯平被擒”的布告，还特意选在金江镇集日那天将冯平绑着“示众”。

冯平毫无惧色，对群众进行革命宣传。敌人对他劝降：“你如改变信仰，可以到省里当官。”冯平义正词严地回答：“我为革命生，也为革命死，何必白费心机！”“我个人之生死，早已置之度外。”1928 年 7 月 4 日，冯平在澄迈县金江镇英勇就义，年仅 29 岁。

“伯父的牺牲对我影响很大。我一定要继承伯父的遗志。”冯平的侄子冯子平曾说。在伯父的影响下，他 18 岁从泰国回到海南参加革命，还专门把自己原来的名字“冯裕深”改为“冯子平”。“我一直用伯父的光荣事迹来教育我的子女和孙子们，用伯父那种坚定的革命精神和意志来鞭策他们。”

时光荏苒，冯平曾为之挥洒热血的故土也已从贫穷孤岛变成车水马龙的繁华之地。而在冯平牺牲的海南澄迈，当地几乎所有的老百姓都能熟练地背出冯平牺牲前那段慷慨激昂的誓言：“革命不怕死，怕死不革命，杀了一个冯平，还有千万个冯平！革命是杀不绝的，共产主义一定会实现！”

刘绍南

宁死不屈真烈士

刘绍南，别名刘自棠，1903年出生于湖北省沔阳县戴家场土地沟（现属湖北洪湖市）。1924年考入武汉中华大学，1925年加入中国共产党。1928年7月10日，由于叛徒告密，刘绍南在召开党的秘密会议时伤重被捕，7月23日慷慨就义，年仅25岁。

英烈语录

铡刀下，不变节。要杀就杀，要砍就砍。要我说党，我决不说！杀死我一人，革命杀不绝。直到流尽了，最后一滴血，眼睛哪肯把敌瞥！宁死不屈，烈！烈！烈！

——刘绍南《壮烈歌》

初夏时节的洪湖，荷叶田田、湖风阵阵，一浪打过一浪的湖水，仿佛述说着曾经在这里抛头颅、洒热血的红色故事。洪湖“红五子”的故事在洪湖地区流传甚广。“红五子”之首刘绍南铡刀之下不变节，给这鱼米之乡注入源源不断的红色力量。

刘绍南，别名刘自棠，1903 年出生于湖北省沔阳县戴家场土地沟（现属湖北洪湖市）一个封建地主家庭。1924 年考入武汉中华大学，1925 年加入中国共产党。1926 年春受党组织派遣，刘绍南回家乡发动和领导工农革命运动，先后任中共沔阳县委委员、沔南区区委书记、沔阳临时县委书记、中共湘鄂西党委书记兼武装总指挥等职。大革命失败后，刘绍南等继续坚持地下革命斗争。

1927 年 9 月 10 日，遵照中共湖北省委和鄂中特委的指示，刘绍南等率领共产党员和农民群众共 300 余人，在戴家场发动了声势浩大的“中秋”武装暴动，消灭地方民团，恢复农会组织，建立游击队。戴家场武装暴动，打响了洪湖地区武装斗争的第一枪，并推动滨湖各县的武装暴动和许多小块根据地的建立。随后，刘绍南担任中国工农红军十六师政治部主任。

1928 年夏，红十六师挺进湘西，刘绍南留守洪湖。国民党反动军阀与土豪劣绅互相勾结，对根据地进行了疯狂报复，大肆“清剿”、捕杀共产党员和工农运动骨干，重金悬赏捉拿刘绍南等领导人。7 月 10 日，由于叛徒告密，刘绍南等在召开党的秘密会议时被敌人重重包围。刘绍南临危不惧，留下阻击敌人，掩护同志们安全撤退。激战中，刘绍南伤重被捕。

被捕后，面对敌人高官厚禄的收买，刘绍南不为所动，坚决斗争；面对敌人非人酷刑的折磨，他铮铮铁骨，威武不屈。敌人无计可施、恼羞成怒，押着刘绍南游乡，他一路上慷慨激昂地向群众宣传革命道理。

临刑前，敌人企图以他的妻子正怀有身孕、父母年过半百劝降刘绍南，被刘绍南严词拒绝。刑场上，刘绍南高唱起自己在狱中写下的《壮烈歌》：铡刀下，不变节。要杀就杀，要砍就砍。要我说党，我决不说！杀死我一人，革命杀不绝。直到流尽了，最后一滴血，眼睛哪肯把敌瞥！宁死不屈，烈！烈！烈！

1928 年 7 月 23 日，刘绍南慷慨就义，年仅 25 岁。由于他与彭国材、贺闯、涂位云、李德珍是洪湖沿岸地区农民运动的最早发起者，后人赞誉他们为洪湖的“红五子”。

刘绍南的英雄事迹影响着一代一代的洪湖人。他所在的村子，后来更名为绍南村，他的故居也成为爱国主义教育基地，每年都有青年学生前来瞻仰祭奠英烈。

在洪湖市民政局工作的刘绍南之孙刘圣告诉记者：“先辈们的鲜血换了我们后来的生活，爷爷的故事也形成了我们家的家风——先国家再有小家。从我父亲到我，我们都继承爷爷的遗志，以党和国家的事业为重，以大局为重，严于律己，勤政廉洁，做一个为民服务的好公仆。”

邱金辉

铁骨铮铮的共产党员

1904年5月，邱金辉出生于江西省横峰县，1928年6月底，由于叛徒告密，邱金辉不幸被捕，受尽酷刑。7月11日，邱金辉壮烈牺牲，年仅24岁。

英烈语录

杀吧，杀死我一个，杀不绝共产党人，革命一定会胜利！

——邱金辉

时值初夏，位于江西省横峰县的葛源革命烈士纪念馆绿树成荫，在庭院中一座无名红军战士塑像的注视下，专程前来参观的游客迈入质地敦实的大门，追思革命烈士不屈的英魂。

第二次国内革命战争时期，闽浙赣革命根据地首府设在横峰县境北部的葛源镇。在当年的腥风血雨中，横峰六万人民就有两万儿女参军参战，为中国革命作出了重大牺牲和杰出贡献，邱金辉就是其中杰出的代表。

1904 年 5 月，邱金辉出生于江西省横峰县，1925 年考入南昌讲武堂，1926 年加入中国共产党。同年，在北伐军进军江西时，邱金辉回到家乡横峰县宣传革命，秘密发展党的组织，开展农运工作。

大革命失败后，革命转入低潮。1927 年 11 月下旬，在方志敏等领导下，江西弋阳、横峰等五县的党组织决定举行年关暴动。邱金辉负责在横峰县葛源、邱家两区秘密串联，宣传动员和组织农民革命团和自卫队。

1928 年 1 月，方志敏等人领导的弋横起义爆发，两县农民革命团组成六路纵队参加起义，邱金辉任第六路指挥者之一，率农民自卫队参加起义。弋横暴动后，自卫队进行了整编，邱金辉被任命为农民革命军第二军第二师第十四团一营一连连长。

弋横农民暴动胜利后，为保存革命力量，起义部队撤向弋横交界的山区。邱金辉坚决拥护方志敏、邵式平等在赣东北山区建立根据地，发动群众，开展武装斗争的主张，并参与指挥了金鸡山阻击战，消灭国民党军一个连，粉碎了敌人对起义部队的第一次围攻。面对敌人的围攻和艰苦的斗争环境，邱金辉率领游击队，依靠广大农民群众，用简陋的武器和灵活多变的战术打击敌人，坚持斗争。

1928 年 6 月底，由于叛徒告密，邱金辉不幸被捕，被押送到敌军靖卫团团部。敌人对他许以高官厚禄、金钱美女，劝他投降，说出党的秘密，交出党的组织，被他严词拒绝。敌人见软的不行，便对他施以酷刑，在被囚的短短几天里，敌人几乎把所有的酷刑都用遍了，但丝毫没能动摇他那钢铁般的革命意志。

7 月 11 日，遍体鳞伤、不时昏迷的邱金辉被押往刑场。毫无人性的刽子手把他绑在十字架上，剥去上衣，极其残忍地用刀在他的左右肩胛各剜出一个洞，插上点燃的蜡烛，用铁钉在他头顶钉出一个洞，插上点燃的香火，并用火烧他的心窝。邱金辉忍受着常人难以想象的巨大痛苦，毫不动摇，正气凛然地高呼:“杀吧，杀死我一个，杀不绝共产党人，革命一定会胜利！”邱金辉壮烈牺牲，年仅 24 岁。

葛源革命烈士纪念馆馆长黄英明介绍：“来到这里的人看到邱金辉烈士的事迹，无不为之动容，对他肃然起敬。”“在短暂的一生中，他对共产主义事业的拳拳之心和为实现共产主义所表现出的铮铮铁骨，集中体现了中华民族百折不挠、宁死不屈的民族精神，是我们学习的楷模。”

“从小就听家里的长辈说起过爷爷的革命故事，知道他为人民的解放事业献出了年轻而宝贵的生命。作为他的后代，更要弘扬他的精神，践行我们父子两代为爷爷和其他英烈‘守灵’的承诺。”邱金辉的孙子邱爱武告诉记者，他在葛源革命烈士纪念馆已工作近 20 年，他 93 岁的父亲在离休前，曾是葛源革命烈士纪念馆的馆长。“纪念爷爷和其他英烈最好的方式，就是站好自己这班岗，在本职岗位上传承红色基因，让更多年轻人知道今天的幸福生活来之不易。”邱爱武说。

季步高

书生退学从戎、烈士英名永存

季步高，名大纶，号凌云，笔名布高，1906年出生在浙江龙泉天平乡季山头村。1928年4月13日，季步高当选为中共广东省委候补委员。7月，不幸被港英当局逮捕，遂被引渡回广州反动当局。1928年冬，季步高就义于广州红花岗，牺牲时年仅22岁。

英烈语录

污官之辈，争权于国内，睡狮之名，见笑于外人，我四万万同胞岂忍以祖国故有之地而任人蹂躏乎？

——季步高《余之希望国家》

浙江龙泉市安仁镇的西南方向，在天平山脚下季山头村，有一座白粉墙的普通民房，它就是革命先烈季步高的故居。

大门正上方有一块匾额，上书“爱吾庐”三个字，大门右边竖立着“季步高烈士故居”的石碑，正堂板壁上悬挂着季步高烈士遗照和革命烈士荣誉证书。季步高少年时代就学习、生活在这里。

季步高，名大纶，号凌云，笔名布高，1906 年出生在浙江龙泉天平乡季山头村。1922 年夏，他考上上海东南高等师范专科学校（同年 10 月更名为上海大学），受到进步思想影响。1925 年 6 月，考入广州黄埔陆军军官学校第四期。同年 9 月，在学习期间加入中国共产党。

1926 年春，季步高根据党的指示，从黄埔军校中途退学，转到中华全国总工会省港罢工委员会工人纠察大队，专门负责训育处工作。这期间，他积极协助 2000 多人的工人武装进行培训，负责讲授《社会进化史》《共产主义 ABC》等革命理论课程，同时协助编辑出版罢工委员会的机关刊物《工人之路》。

1927 年 4 月 12 日，蒋介石在上海制造了四一二反革命政变。广东的国民党右派遥相呼应，于 4 月 15 日在广州开始反革命大屠杀。季步高等率领纠察队进行反击，但由于敌众我寡，纠察队被迫转入地下。

随后，中共广州市委在一片白色恐怖下成立，季步高临危受命，担任中共广州市委委员，负责秘密组织工人武装队伍。

1927 年 11 月，中共广东省委根据党中央指示，决定举行广州起义，季步高协助做了大量准备工作。12 月 11 日凌晨，广州起义的红色信号弹划破了南方漆黑的夜空。季步高率部分工人赤卫队员，配合起义军主力——叶剑英领导的军官教导团，攻打广州市公安局。

起义期间广州第一个工农民主政府——广州苏维埃政府在炮火中诞生，季步高被委任为苏维埃军事委员会军械处处长。由于敌我力量悬殊，广州起义不幸失败。季步高按照党的指示，转赴香港。

1928 年 1 月上旬，中共广州市委重新成立，季步高为市委委员，很快秘密返回广州。此时广州的反动势力极为猖獗，到处笼罩在白色恐怖中，斗争异常尖锐残酷。1 月下旬，刚刚建立的市委机关即遭敌破坏。1 月 30 日，中共广州市委再次重建，季步高临危受命，担任中共广州市委书记。他想方设法秘密联络、收拢被打散和隐蔽在各处的共产党员和共青团员，恢复和重建党的组织。十几天后市委机关再次遭到破坏。季步高早已将个人安危置之度外，在万分险恶的情况下，带领同志们分散隐蔽进行革命斗争。

4 月 13 日，季步高当选为中共广东省委候补委员，并继续在广州开展地下工作。7 月，去香港向省委汇报和请示工作时，不幸被港英当局逮捕，遂被引渡回广州反动当局。

在狱中，他受尽了敌人的残酷刑讯和拷打折磨，但他视死如归，始终保持了共产党员宁死不屈的崇高气节。

1928 年冬，季步高就义于广州红花岗，牺牲时年仅 22 岁。

王尔琢
『生为阶级，死为阶级』的红军能将

王尔琢，1903 年生，湖南石门县人。1924 年考入黄埔军校第一期，同年秋加入中国共产党，是中国工农红军优秀指挥员。1928 年 8 月 25 日，在江西崇义思顺墟追击叛徒时，英勇牺牲，年仅 25 岁。

英烈挽歌

一哭尔琢，二哭尔琢，尔琢今已矣！留却重任谁承受？生为阶级，死为阶级，阶级后如何？得到胜利始方休！

——毛泽东拟稿、陈毅书写的挽联

湖南石门县人来车往的澧阳大道旁边，静静伫立着一座高约四米的王尔琢烈士塑像，时不时有老人和孩子驻足，抬头注视。

位于湘西北山区的石门县，是中国工农红军优秀指挥员王尔琢的家乡。

石门县博物馆退休老馆长龙西斌告诉记者，上世纪80年代，有感于王尔琢的伟大贡献，石门县团委组织共青团员捐资修建了这座烈士塑像。

王尔琢，1903年生，湖南石门县人。1920年考入长沙省立甲种工业学校，参加过进步学生运动。1924年考入黄埔军校第一期，同年秋加入中国共产党。曾任学生队分队长，参加平定广州商团叛乱和讨伐军阀陈炯明的两次东征。1926年参与国民革命军第三师的改编工作，任东路先遣军党代表，参加北伐战争。后任国民革命军第三军二十六团党代表。1927年任国民革命军第四军二十五师七十四团参谋长。同年8月，率该团重机枪连参加南昌起义。起义后任第七十四团团长，随部队南下广东。10月底，南昌起义军余部整编成一个纵队，王尔琢任参谋长，与朱德、陈毅等率部转战闽粤赣湘边，坚持武装斗争。1928年1月参加领导湘南起义，任工农革命军第一师参谋长。

1928年4月，朱德与毛泽东部队井冈山会师后，王尔琢任中国工农红军第四军参谋长兼第二十八团团长。他协助毛泽东、朱德指挥红四军取得五斗江、草市坳、龙源口等战斗的胜利，粉碎了国民党军发动的第二、三、四次大规模“进剿”。王尔琢率二十八团英勇作战，成为纵横井冈山的一员骁将，为保卫和发展井冈山革命根据地作出了重大贡献。同年8月25日，在江西崇义思顺墟追击叛徒时，英勇牺牲，年仅25岁。

在为王尔琢举行的追悼会上，毛泽东、朱德高度评价了他为革命所作的贡献。会场上悬挂着由毛泽东拟稿、陈毅书写的挽联：“一哭尔琢，二哭尔琢，尔琢今已矣！留却重任谁承受？生为阶级，死为阶级，阶级后如何？得到胜利始方休！”

今年 85 岁的石门县文化馆副研究馆员贾国辉，从上世纪 80 年代开始研究王尔琢生平事迹，曾多次采访其战友、亲属。“王尔琢身上有着值得我们学习的宝贵品质，一是热爱祖国，二是坚定的信仰，三是对底层人民怀有深厚的感情。”

如今，当年王尔琢在石门县就读的学校旧址上，建起了湖南省湘北职业中专学校。走进学校正门，很快就能看到一个“王尔琢”号雷锋志愿服务工作站。学校教师高立多次参与志愿服务。她介绍，工作站成立于 2015 年 2 月，一年至少开展六次活动。“比如重阳节去敬老院看望慰问老人、清明节在烈士陵园祭扫、为澧水河清扫河道两旁垃圾等，全校师生都是志愿者，我们以实际行动向王尔琢烈士致敬。”

贺锦斋

『誓为人民灭豺狼』

贺锦斋，1901 年生，名文绣，乳名春生，湖南桑植人，是贺龙元帅的堂弟、工农革命军第四军第一师师长。1928 年 9 月，在石门泥沙镇战斗中，为掩护主力突围，贺锦斋率警卫营和手枪连奋勇冲杀，壮烈牺牲，年仅 27 岁。

英烈语录

吾将吾身交吾党，眼前大敌狰狞甚，难能菽水再承欢！誓为人民灭豺狼。

——贺锦斋

距离湖南桑植县洪家关光荣院30米处，是贺龙元帅的堂弟、工农革命军第四军第一师师长贺锦斋烈士墓。墓碑中心刻有一颗闪亮的红星，两旁镌刻有“澧水歌霞光早已照大地，浪淘沙革命巨浪比天高。”

每年清明，是光荣院里最为庄重的节日，老人们会早早起床，穿上军装，精心打扮，为贺锦斋烈士祭扫。一批批市民、学生也会自发来到这里，凭吊长眠在此的贺锦斋烈士，对他表示怀念和敬仰。

贺锦斋，1901年生，名文绣，乳名春生，湖南桑植人。1916年贺龙两把菜刀闹革命，组织讨袁（世凯）护国军的壮举，为贺锦斋所景仰。1919年入贺龙部当卫士，由于作战勇敢，由士兵逐级递升至团长。

1926年5月，贺龙响应广东革命政府的号召，率部参加北伐战争。贺锦斋任国民革命军第九军一师团长、代理旅长，指挥所部参加了澧县、斗湖堤、武胜关、逍遥镇等战斗，屡建战功。

1927年6月15日，在北伐进军途中，贺龙所率领的独立十五师升编为国民革命军第二十军，贺龙任军长，贺锦斋任国民革命军第二十军第一师师长。7月下旬，全军遵照中共中央指示，抵达南昌。8月1日凌晨贺锦斋率一师担任正面主攻，参加震惊中外的“南昌起义”。起义中，贺锦斋率部主攻第五方面军朱培德滇军精锐警备团，全歼守敌，取得了南昌起义的决定性胜利。

起义部队南下广东途中，面对严峻的形势，贺锦斋处处以身作则，与战士同甘共苦，鼓励大家坚持斗争到底。指挥所部参加了瑞金、会昌等战斗。起义军在潮汕地区失败后，与部队失去联系，他克服千难万险，10月底辗转至上海，寻找党的组织。

同年冬，贺锦斋奉中共中央指示到湖北监利、石首一带组织游击队，开展武装斗争，配合南县、公安等地年关暴动。在此期间加入中国共产党。

1928年3月，贺锦斋随周逸群、贺龙等回湘西建立革命武装和根据地，曾率部在桑植葫芦壳设伏，消灭贵州军阀部队数百人，活捉其旅参谋长。同年7月，中共湘西前敌委员会和中国工农革命军第四军成立，贺锦斋任委员和师长。率部在石门、津澧一带，发动群众，开展游击斗争。

9月，在石门泥沙镇战斗中，为掩护主力突围，贺锦斋率警卫营和手枪连奋勇冲杀，壮烈牺牲，年仅27岁。实践了他“吾将吾身交吾党”“誓为人民灭豺狼”的钢铁誓言。

“贺锦斋文武双全，他一直追随贺龙将军，是贺龙将军的左膀右臂。他利用他的文化来宣传革命道义，在战场上一线指挥，在战斗中身先士卒。在军事、文化底蕴上他是一个比较杰出的革命烈士，他站在革命的最前沿，为人民解放军的缔造做出了不朽贡献。”桑植县党史工作者向佐柏说。

陈觉和赵云霄

革命伉俪血泪遗书感天地

陈觉烈士图

陈觉，原名陈炳祥，1907 年生于湖南醴陵。1925 年加入中国共产党。

赵云霄，原名赵凤培，河北阜平人，1906 年生，1925 年加入中国共产党。

1928 年 4 月，由于叛徒告密，陈觉、赵云霄在常德、长沙分别被敌人逮捕，关押在长沙陆军监狱。1928 年 10 月 14 日，陈觉在长沙牺牲。1929 年 3 月 26 日，在给襁褓中的女儿喂过最后一口奶后，赵云霄毅然走上刑场，牺牲时年仅 23 岁。

英烈语录

谁无父母，谁无儿女，谁无情人，我们正是为了救助全中国人民的父母和妻儿，所以牺牲了自己的一切。我们虽然是死了，但我们的遗志自有未死的同志来完成。

——陈觉

小宝宝，我很明白地告诉你，你的父母是共产党员……我不能抚育你长大，希望你长大时好好读书，且要知道你的父母是怎样死的……望你好好长大成人，且好好读书，才不辜负你父母的期望。

——赵云霄

有这样一对革命伉俪，他们的事迹因为两封血泪遗书为世人传颂，这两封遗书感动了一代又一代人。一封是就义前丈夫写给妻子的诀别信，一封是妻子写给刚出生女儿的遗书。这两封遗书的作者是陈觉和赵云霄。

陈觉，原名陈炳祥，1907 年生于湖南醴陵。15 岁那年，陈觉以优异的成绩考入醴陵县立中学。在进步教师的影响下，经常阅读《向导》《新青年》等革命刊物。1925 年，陈觉加入中国共产党。赵云霄，原名赵凤培，河北阜平人，1906 年生，1925 年加入中国共产党。

1925 年，赵云霄、陈觉作为第一批先进的中国青年前往莫斯科中山大学学习。学习期间，二人相识相知相爱，结为夫妻。

1927 年，赵云霄、陈觉一起回国参加革命。1928 年春，作为省委特派员，陈觉参与指挥中共湘东特委和醴陵县委组织的“醴陵年关暴动”。

由于当地各级党组织遭到严重破坏，陈觉夫妇被迫离开醴陵，回到省委机关工作。之后，陈觉被派往常德组织湘西特委。已有身孕的赵云霄，留在省委机关负责各地联络工作。

1928 年 4 月，由于叛徒告密，陈觉、赵云霄在常德、长沙分别被敌人逮捕，关押在长沙陆军监狱。

面对反动当局的威逼利诱、严刑拷打，陈觉夫妇宁死不屈。经过多次审讯未果，反动当局以“策划暴动，图谋不轨”的罪名，判处陈觉、赵云霄死刑。

就义前，在给爱妻的诀别信中，陈觉写道：“云！谁无父母，谁无儿女，谁无情人，我们正是为了救助全中国人民的父母和妻儿，所以牺牲了自己的一切。我们虽然是死了，但我们的遗志自有未死的同志来完成。”1928年10月14日，陈觉在长沙牺牲。

4个月后，赵云霄在狱中诞下一名女婴，取名启明，意为在黑暗中盼望破晓。生下启明仅仅1个多月，赵云霄就要和女儿永别了，她在给女儿的遗嘱中写道：“小宝宝，我很明白地告诉你，你的父母是共产党员……我不能抚育你长大，希望你长大时好好读书，且要知道你的父母是怎样死的……望你好好长大成人，且好好读书，才不辜负你父母的期望。”1929年3月26日，在给襁褓中的女儿喂过最后一口奶后，赵云霄毅然走上刑场，牺牲时年仅23岁。

如今，在陈觉的家乡，醴陵市烈士陵园中竖立着这对革命伉俪的雕像，夫妻二人紧紧相依，瞩目前方。醴陵市烈士陵园管理所副所长杨云志告诉记者，去年清明节前夕，来自当地姜湾小学的学生在二位烈士雕像前朗诵过他们的遗书。“虽然身处和平年代，但从两位烈士的遗书中，我们依然被他们的家国情怀、对党的信仰和为革命事业献身的精神所打动。”

孙津川
革命者是杀不完的

1895年，孙津川出生于安徽省寿县一个工人家庭。1925年8月，孙津川加入中国共产党，并当选为沪宁铁路工人协进会委员。1928年7月，孙津川因叛徒告密而被捕。同年10月6日，孙津川英勇就义于南京雨花台，时年33岁。

英烈语录

要杀就杀。枪毙我一个，还有十个；枪毙我十个，还有百个。千千万万的革命者，你们是杀不完的！

——孙津川

长夜群星，璀璨天地。在南京的雨花台烈士纪念馆“长夜星空”展馆中，可以看到用多媒体投影呈现出的烈士英容，与 LED 灯营造出的星光交融，象征每位烈士散发信仰之光，闪耀在革命道路上。

孙津川就是这“漫天星光”闪耀革命道路中的一位烈士。1895 年，孙津川出生于安徽省寿县一个工人家庭。14 岁起先后到南京、上海做工。1924 年秋，孙津川在上海与中共党员彭干臣相识，并在其影响下走上革命道路。

1925 年 8 月经彭干臣等介绍，孙津川加入中国共产党，并当选为沪宁铁路工人协进会委员。不久，中共吴淞机厂特别支部成立，孙津川被选为特支书记。

为配合北伐军进攻上海，中共中央决定在上海举行工人武装起义。1926 年 10 月，孙津川按照党的要求，带领吴淞机厂工人武装切断沪宁铁路，破坏北洋军阀的后勤军需补给线，为上海工人第一次武装起义创造条件。1927 年 3 月，孙津川领导吴淞机厂工人举行大罢工，揭开了上海工人第三次武装起义的序幕。3 月 28 日，孙津川被选为沪宁、沪杭甬两铁路总工会委员长。

四一二反革命政变后，孙津川往返奔走于武汉、九江、上海等地，代表全国铁路总工会接待和安置苏、浙、皖、赣等省的流亡同志，秘密整顿并恢复各地铁路工会和党组织。

党的八七会议后，孙津川被党派往南京担任中共南京市委书记。在极其严重的白色恐怖中，他着手整顿党的组织，传达八七会议精神，发动和组织群众，坚持地下斗争，准备武装暴动。

1928 年 7 月，孙津川因叛徒告密，身份暴露而被捕。在狱中，国民党军警特务妄图用高官厚禄和酷刑逼迫孙津川交出党的机密和南京地下党的名单，但遭到坚决拒绝。被打得遍体鳞伤、奄奄一息的孙津川坚定地对敌人说：“要杀就杀。枪毙我一个，还有十个；枪毙我十个，还有百个。千千万万的革命者，你们是杀不完的！”

1928 年 10 月 6 日，孙津川一路唱着国际歌，高呼着中国共产党万岁的口号，英勇就义于南京雨花台，时年 33 岁。

“大伯在我心里是个顶天立地的英雄。1928 年他在雨花台牺牲，他对党的信仰和忠诚为我们整个家族树立了光辉的榜样。”孙津川烈士的侄女、年过八旬的孙以智老人说，希望当下的青年一代明白今天的一切来之不易，不要忘怀烈士们为此奉献的青春与生命，让烈士精神代代相传、生生不息。

孙以智老人从47岁时开始担任南京市雨花台区实验小学校外辅导员，给孩子们和雨花台参观者讲述烈士故事，已坚持了 38 年。每年清明节，是她最忙的时候，她要带着孩子们去雨花台扫墓。雨花台松柏环抱，来访者都会在烈士纪念碑前看到一块铜质铭牌，上面镌刻着：我们和我们的子孙会常来这里……

李源

在白色恐怖面前不退缩的省委书记

李源，1904 年出生于广东省博罗县园洲镇禾山李屋村。1925 年秋，李源加入中国共产党。1928 年秋末，李源秘密前往粤东传达党的六大决议，指导党的工作。李源抵达大埔三河坝时不幸被反动军警逮捕，在狱中遭受了敌人的种种折磨，牺牲时年仅 24 岁。

英烈语录

你已身怀六甲，不能随行，如果我不幸牺牲了，往后生下或男或女，请你教育孩子长大以后为烈士报仇，为中国人民谋幸福。

——李源临行前对爱人说

在广东惠州市博罗县园洲镇人民广场东北角有一个以三位烈士雕像和事迹碑文为主要内容的纪念革命先烈广场。其中，一位烈士的雕像高 4 米，也是最高的雕像，他就是李源。

李源，1904 年出生于广东省博罗县园洲镇禾山李屋村。因家境贫寒，1919 年，李源 15 岁时就到香港谋生，在昌兴公司一轮船上当海员，1921 年由苏兆征介绍加入中华海员工业联合总会，1924 年加入中国社会主义青年团，先后参加了由苏兆征、林伟民及中共广东省委领导的香港海员大罢工和省港大罢工，担任工人武装纠察队队员，在斗争中经受了考验。

1925 年秋，李源由苏兆征介绍加入中国共产党，并担任中华海员工业联合总会支部书记。1926 年，李源受党组织派遣，担任广州国民政府财政部缉私检查队指导员，率队开展反走私的斗争。

1927 年 4 月，国民党新军阀背叛革命，四一二反革命政变后 3 天，在广州发生了四一五反革命政变，大批共产党员和革命群众遭到屠杀，李源化名李昌、李泉，被迫转入秘密斗争。同年 4 月下旬，李源被任命为中共广东省委特派员，利用在香港和广州海员中的关系，继续在工人中进行革命宣传，参与组织和建立广州工人秘密武装。同年冬任中共广东省委委员。

1927 年 11 月，李源组织工人武装，成功营救受伤被捕入狱的广州工人运动领导人周文雍。同年 12 月，李源组织领导广州工人武装参加了著名的广州起义，并率领工人赤卫队在广州长堤一带，抗击前来镇压广州起义的反动军队。

广州起义失败后，参加起义的主力部队被迫撤出广州，李源奉起义指挥部命令，率领部分工人武装担负掩护起义部队撤退转移的任务。

1928年1月起，李源任中共广东省委常委，2月被派往琼崖（今海南省）担任中共琼崖特委书记，同年5月代理中共广东省委书记，后任书记。

1928年7月在莫斯科召开的党的六大上，李源当选中共中央委员（因工作李源未能参加大会）。

1928年秋末，李源秘密前往粤东传达党的六大决议，指导党的工作。临走前，他对爱人说："你已身怀六甲，不能随行，如果我不幸牺牲了，往后生下或男或女，请你教育孩子长大以后为烈士报仇，为中国人民谋幸福。"

李源抵达大埔三河坝时不幸被反动军警逮捕，在狱中遭受了敌人的酷刑拷打和种种折磨，但他始终坚贞不屈，惨遭敌人杀害，牺牲时年仅24岁。

李源牺牲90年后的今天，告慰烈士英灵的是，他的家乡广东惠州博罗县园洲镇发生了翻天覆地的变化。先后获得全国小城镇建设试点镇、全国发展改革试点城镇、中国休闲服装名镇、国家卫生镇、国家建制镇新型城镇化示范试点镇和广东省教育强镇、广东省宜居示范城镇、广东省生态镇等殊荣。

俞昌准

『碧血今朝丧敌胆，丹心终古照亲人』

俞昌准，1907 年出生，安徽南陵人。1925 年秋，俞昌准在上海加入中国共产主义青年团，1926 年转为中国共产党党员。1928 年 11 月 22 日，他因叛徒出卖被捕入狱。同年 12 月 16 日，蒋介石亲自下令，俞昌准被国民党军警杀害于安庆北门外刑场，牺牲时年仅 21 岁。

英烈语录

我们共产党领导全国人民推翻黑暗统治，创造光明的新中国，何罪之有？

——俞昌准

5月的安庆菱湖公园清风徐徐，绿荫片片，不少市民在公园里悠闲散步、游览。1922年农历9月9日，15岁的俞昌准与友人就在菱湖“泛舟往游”。他写道：“方在初秋，寒暑适中，山有雾而皆清，水共天而一色。湖之四周，虽其大不过数里，而可爱者甚繁。斯湖虽以菱名，而植藕盛，荷花虽没，而叶犹新。”

俞昌准，1907年出生，安徽南陵人。1923年赴沪求学，就读于上海南洋中学。18岁时，俞昌准进入上海大学社会系就读。其间，受在该校任教的共产党人邓中夏、瞿秋白等人的影响，俞昌准开始接受马克思主义和共产主义理想。1925年秋，俞昌准在上海加入中国共产主义青年团，1926年转为中国共产党党员。

1926年8月，俞昌准受党组织派遣回到安徽南陵，开展建立党组织的工作和发动农民运动。1927年春，俞昌准调任中共芜湖特支书记，他返回家乡谢家坝，成立了谢家坝党小组，从群众中发展党员，建立党支部，走村串户宣传土地革命思想。

大革命失败后，俞昌准在芜湖一带开展地下斗争，创办《沙漠周刊》，宣传马克思主义，揭露国民党反动派的罪恶行径，明确地提出“敌人有机关枪大炮，我们有斧头镰刀”的口号，深入厂矿工人群众中，组织工人群众建立党组织，号召工农大众与国民党反动派作坚决斗争。

1928年1月，在俞昌准等人的领导下，南芜边区苏维埃政府在谢家坝宣告成立，这是在大革命失败后，安徽诞生的第一个红色农民运动政权。随后，俞昌准领导发动的南芜边区农民武装暴动，犹如一声春雷响彻南芜边区，极大地鼓舞了革命士气，有力地打击了地方反动势力的嚣张气焰，为安徽省农民革命运动树立了一面光辉的旗帜。

武装暴动遭镇压后，俞昌准转移到安庆，在极其危险的环境中，以安徽大学学生身份作掩护，领导组织学生运动。1928 年 11 月 22 日晚，他因叛徒出卖被捕入狱。在狱中，他理直气壮地反驳敌人："我们共产党领导全国人民推翻黑暗统治，创造光明的新中国，何罪之有？"1928 年 12 月 16 日，蒋介石亲自下令，俞昌准被国民党军警杀害于安庆北门外刑场，牺牲时年仅 21 岁，难友从狱中带出他用铅笔写下的两行字："我知必死，望慰父老""碧血今朝丧敌胆，丹心终古照亲人"。

王孝锡

浴血播火、大义凛然

王孝锡，字遂五，1903 年出生于甘肃省宁县太昌镇。1925 年加入中国共产党。1928 年 11 月 26 日，王孝锡被捕入狱。同年 12 月 30 日，王孝锡被敌人押往刑场，牺牲时年仅 25 岁。

英烈语录

任何力量不能移我的心，任何力量不堪动我的情，我的主义驱使我不能一刻停留，一腔热血要浇遍地球西东。

——王孝锡

时值初夏，甘肃省庆阳市宁县县城庙咀东路王孝锡烈士纪念馆青砖朱门，庄严肃穆。不少参观者专程前来，追思王孝锡烈士在秦陇播火的革命事迹。纪念馆已成为广大干部群众感知红色文化精神、传承红色文化基因的重要基地，每年前来追思王孝锡烈士的参观者超过七万人。

王孝锡，字遂五，1903 年出生于甘肃省宁县太昌镇一个农民家庭，1924 年考入国立西北大学。学生时代的王孝锡阅读了《新青年》《向导》等大量革命刊物，并结识了刘含初、魏野畴等著名的共产党人。

1925 年上海“五卅惨案”发生后，王孝锡在学校党组织的领导下，组织了“沪案援红委员会”“反对英日屠杀同胞雪耻会”，积极投入反对陕西督军吴新田黑暗统治和声援五卅运动的斗争。此后，王孝锡加入了中国共产党。

1925 年夏天，王孝锡暑假回到家乡宁县太昌镇，与任鼎昌、王晓时等组织成立了进步青年组织——太昌青年社。这是甘肃成立最早的进步青年革命团体之一，也是中国共产党在陇东播撒革命火种的开端。

1927 年 3 月，在冯玉祥部队工作的中共党组织负责人刘伯坚、邓小平等推荐王孝锡以国民党中央特派员的身份，与胡廷珍等其他 3 名共产党员一起赴兰州工作。到达兰州后，王孝锡首先整顿了国民党甘肃省党部党务，加强省党部的进步力量，并根据兰州地区革命斗争形势和中共陕甘区委的指示，建立中共兰州特别支部，与其他同志一起，向广大人民群众宣传新民主主义思想。

1927 年大革命失败后，中共在西北的地方党组织遭受重创，革命活动处于低潮期。王孝锡仍意志坚定，按照党组织的要求，回到家乡宁县开展工作，并与任鼎昌、王晓时等共产党员在宁县太昌成立中共邠（陕西彬县）宁（甘肃宁县）支部。中共邠宁支部成立后，王孝锡任支部书记，有组织地领导革命群众，在宁县、长武、彬县、旬邑等陕甘地区坚持斗争，并重新组建青年社，宣传进步思想，组织革命活动，使一批陇东青年受到了培养锻炼。

党的八七会议后，王孝锡按照党组织的要求，以行医为掩护，深入陕甘交界十多个县的农村进行调查，并写出了《解决中国问题的草案》《农村调查及农村阶级分析》等文章，开始探索农村武装斗争的路子。1928 年 5 月，王孝锡领导宁县支部同志在陕西彬县开展工人运动，并策划发动陕西旬邑起义，成立革命武装。旬邑起义虽然失败了，但产生了很大的影响。这次起义是一次声势较大的农民武装斗争，为党在陕甘边界开展武装斗争提供了宝贵经验，也更加坚定了王孝锡的革命信心。起义失败后，王孝锡与其他同志又回到宁县，组织农民武装继续开展斗争。

党组织在宁县一带的革命活动，引起反动当局的极大不安，反动当局开始血腥镇压革命活动。1928 年 11 月 26 日，王孝锡被捕入狱。在狱中，面对反动当局一次次酷刑审讯，王孝锡以钢铁般的意志与敌人进行顽强斗争，严守党的机密，坚贞不屈、视死如归。同年 12 月 30 日，王孝锡被敌人押往刑场，牺牲时年仅 25 岁。

斯人已逝，精神不朽。2013 年 4 月，宁县王孝锡烈士纪念馆建成开馆并正式对外开放，纪念馆采取图片、实物、塑像、文字相结合的方式，以王孝锡烈士早期革命活动为主题，再现王孝锡烈士踊跃投身革命、舍生忘死的革命历程。

何挺颖

『不朽井冈英雄，千古人民功臣』

何挺颖，1905年5月出生于陕西南郑。1925年冬，何挺颖成为中国共产党党员。他政治坚定，作战勇敢，指挥果断，成为井冈山时期我军著名的军事指挥员和党的优秀干部。1929年1月下旬，何挺颖在江西大庾战斗中身负重伤，转移途中又遭敌袭击，不幸壮烈牺牲，年仅24岁。

英烈语录

南京路上圣血殷，百年侵华仇恨深。去休学者博士梦，愿作革命一新兵。

——何挺颖

陕西省巴山北麓汉山脚下的南郑区何家湾村是一个翠竹环绕的小山村，这里是井冈山时期著名军事指挥员何挺颖的家乡。

何挺颖，1905 年 5 月出生于陕西南郑，1920 年考入汉中联立中学，在校期间他组织进步读书会，率先写白话作文。1923 年，何挺颖参与发起成立了学生会，联络南郑学生，掀起了一场反帝爱国学生运动。他在面对当地一些丧失民族气节的悲观论调时写下诗句：“散沙枉多四万万，热度只有五分钟！中国不亡非天理？午夜徘徊心如焚。”

1924 年中学毕业后，何挺颖考入上海大同大学数学系，同时开始接受革命思想影响。1925 年 5 月参加五卅运动，6 月加入中国共产主义青年团。随后为了革命的需要，他不顾老师和亲朋规劝，毅然转入上海大学社会系，学习革命理论。在给劝阻他转学的同学左明的信里写道：“对数表里查不出救国的良方，计算尺不能驱逐横行的豺狼。”并附诗：“南京路上圣血殷，百年侵华仇恨深。去休学者博士梦，愿作革命一新兵。”同年冬，何挺颖转为中国共产党党员。

1926 年夏，何挺颖受党组织派遣到北伐军部队任团指导员，参加北伐战争。1927 年“七一五”汪精卫叛变革命后，党组织又派何挺颖到原武汉政府警卫团干部连任党代表。同年 9 月，在团长卢德铭率领下，何挺颖参加了湘赣边界秋收起义，任工农革命军第一团一连党代表，9 月 29 日三湾改编中，被任命为第一团三营党代表，随部进军井冈山。10 月 23 日，在进军井冈山途中时遭敌军袭击，与毛泽东率领的团部和一营失去了联系。何挺颖和营长张子清率部队转战茶陵等地，并会合茶陵县工农兵政府主席谭震林，同年12月将部队带上井冈山，何挺颖随即被任命为第一团党代表。从此，何挺颖在毛泽东的直接领导下，参加了开创井冈山革命根据地的斗争。

1928年4月，朱德、毛泽东率领的两支红色武装在井冈山胜利会师，组建了中国工农革命军第四军，下辖四个团，朱德为军长，毛泽东为党代表，陈毅为政治部主任，王尔琢为参谋长兼二十八团团长，何挺颖任第三十一团党代表。在毛泽东、朱德的领导下，何挺颖率部参加了攻打龙源口、围困永新城等一次又一次的战斗。他政治坚定，作战勇敢，指挥果断，成为井冈山时期我军著名的军事指挥员和党的优秀干部，为井冈山革命根据地的创建做出了重要贡献。

1928年8月，在著名的黄洋界保卫战中，何挺颖与团长朱云卿指挥不足一个营的兵力，在人民群众的配合下，凭险抵抗，击溃了湘赣国民党军四个团的轮番进攻，取得了黄洋界保卫战的胜利，保存了井冈山革命根据地。毛泽东为此欣然写下了《西江月·井冈山》。10月参加中共湘赣边界特委第二次代表大会，何挺颖被选为边界特委委员。同年冬，任红四军第二十八团党代表兼团党委书记。

1929年1月14日，何挺颖随毛泽东、朱德、陈毅率领红四军主力离开井冈山，转战赣南闽西，开辟新的根据地。1月下旬，何挺颖在江西大庾战斗中身负重伤，转移途中又遭敌袭击，不幸壮烈牺牲，年仅24岁。

为缅怀烈士，启迪来人，1991年4月，南郑政府在东郊建成了何挺颖烈士纪念碑，碑基座上镶贴着“古城学潮”“南京路上”“奔上井冈”“永新大捷”“黄洋界上”青铜浮雕，碑体上镶镌着“何挺颖烈士永垂不朽”和“不朽井冈英雄，千古人民功臣”的金色大字。

如今，每年9月30日汉中市都在何挺颖烈士纪念广场举行公祭活动。2017年7月1日，修缮一新的何挺颖烈士故居开馆，继续为后人讲述着红色故事。

苏兆征
从海员到工人运动的杰出领袖

苏兆征，广东省珠海市唐家湾镇淇澳村人，1885年生于一个贫苦农民家庭。1925年春，苏兆征加入中国共产党。严酷的斗争环境，长期的忘我工作，使苏兆征积劳成疾，于1929年2月25日病逝。

英烈语录

广大人民已无法生活下去，要革命，等待我们去组织起来。

——苏兆征

青砖土木结构平房，两间正房，并有一间小厨房和一间偏房。走进细看，墙上挂着几幅照片，仿佛在传达着岁月的故事。灯盏、瓷碟、铁茶壶等生活用品无不体现出这家人的简朴。

这就是位于广东省珠海市高新区淇澳岛的苏兆征故居。

苏兆征，广东省珠海市唐家湾镇淇澳村人，1885 年生于一个贫苦农民家庭。1903 年，18 岁的苏兆征为了谋生，在香港外轮上做杂役，并因此接触到经常乘船为革命奔走的孙中山。在孙中山帮助鼓励下，苏兆征于 1908 年加入了同盟会，积极参加推翻清政府封建专制统治的革命运动。在孙中山等受到密探追捕时，他机智掩护他们脱险。

1917 年，俄国十月革命胜利的消息很快在中国海员中传开。苏兆征曾随船到过符拉迪沃斯托克等地，进一步了解十月革命胜利的经过情况，并有机会阅读新文化运动的书籍，学习马克思主义的革命理论。

1921 年 3 月，苏兆征和林伟民等人倡导，在香港成立中华海员工会联合总会。1922 年 1 月 12 日，在香港海员举行的大罢工中，苏兆征被选为罢工总办事处总务部主任和谈判代表之一。

1925 年春，苏兆征加入中国共产党。入党后，苏兆征先后任全国总工会筹备委员会委员、中华海员工会联合总会委员长、全国总工会执委会委员长，是中国工人运动的著名领袖。在中共五大上，苏兆征当选为中央委员、政治局候补委员；在党的八七会议和中共六大上，均被选为中央政治局委员、常委。

严酷的斗争环境，长期的忘我工作，使苏兆征积劳成疾，于 1929 年 2 月 25 日病逝。在生命的最后一息，苏兆征仍然念念不忘组织群众进行斗争，对前去探望他的周恩来等人说：“广大人民已无法生活下去，要革命，等待我们去组织起来。”“大家同心合力，一致合作，达到革命的最后成功！”

1929年2月26日，中共中央政治局向全党发出了悼念苏兆征不幸逝世的第32号通告。通告指出：苏兆征同志在工作中，充分表现了无产阶级的艰苦卓绝精神和坚决的政治意识，他的革命精神，是全党的模范。通告要求全党学习苏兆征的革命精神，向前奋斗。各地党组织通过各种方式举行悼念活动，纪念这位中国共产党的优秀党员和杰出的工人运动领导人。

家乡人民也没有忘记他，2010年实施了苏兆征故居文保工程，修建了苏兆征故居陈列馆。陈列馆占地514平方米，建筑面积274平方米，2011年6月28日正式对公众免费开放，并专题陈列了《从海员到工人运动的杰出领袖——共和国英烈苏兆征》展览，运用主题浮雕、人物场景、油画等艺术手法，概括了苏兆征波澜壮阔的一生。

为了缅怀英烈，苏兆征故居陈列馆每年都组织策划一系列活动，如清明节期间组织学生开展祭英烈活动，五四青年节开展“弘扬五四精神”主题活动，端午时节开展本土民俗与红色文化结合的主题活动等等。

“苏兆征同志把自己的一生，奉献给了工人运动和人民的解放事业，他永远活在人民的心中。”苏兆征故居陈列馆副馆长万滢说。

杨石魂

『先驱肝胆，义薄云天』

杨石魂，原名秉强，字昌义，1902年9月出生于广东普宁南溪镇钟堂村。1924年加入中国共产党。1929年2月，杨石魂到达武汉，出任中共湖北省委常委兼秘书长。因斗争环境十分险恶，杨石魂于5月初不幸被捕，后壮烈牺牲，时年27岁。

英烈语录

愁，惨澹黄花白骨幽。英雄血，洒遍黑神州。苦，英雄郁郁埋芳土。狮梦酣，几时重起舞。悲，壮志未酬魂已飞。铁身手，空换纪功碑。壮，中原烽火烛天汉。剑光红，鸡鸣已三唱。

——杨石魂

1927 年南昌起义后，周恩来等起义领导人率起义军南下广东，在潮汕建立红色政权，后因强敌围攻而失败。有一个人此时挺身而出担负起护送周恩来、叶挺、聂荣臻三位领导人撤离战区转移到香港的重任，为中国革命做出了重大贡献。他就是忠诚的共产主义战士杨石魂。

杨石魂，原名秉强，字昌义，1902 年 9 月出生于广东普宁南溪镇钟堂村一个中医师家庭。

在榕江中学读书时，少年杨石魂经常阅读《新青年》《每周评论》等革命刊物，与进步同学一起研讨时事。1919 年五四运动的消息传到广东后，杨石魂在榕江中学组织了学生会，带领爱国学生上街游行，声援北京学生。在杨石魂等学生领袖的倡议下，汕头成立了岭东学生联合总会，杨石魂被推选为岭东学联主席。五四时期杨石魂领导岭东学联开展的爱国斗争，在潮汕地区的革命史上写下了光辉的一页。

1920 年，杨石魂考入广州铁路专门学校。在校期间，他感时忧国，决心投身革命。1923 年 11 月，杨石魂开始接触马克思主义并在广州参加社会主义青年团，任青年团广东区执委会执行委员，负责宣传工作。1924 年加入中国共产党。在广州期间，杨石魂结识了阮啸仙、彭湃等人，革命思想日趋成熟。

1925 年 2 月，广东革命政府举行第一次东征，讨伐盘踞在惠潮梅一带的军阀陈炯明。杨石魂受党组织委派，回潮汕开展青年和工农运动，建立党团组织，任青年团汕头特支书记、汕头市总工会筹委会主席，领导青年学生和工人群众开展革命斗争。上海五卅惨案发生后，杨石魂任汕头国民外交后援会会长，领导汕头工人援助上海人民反帝爱国斗争。

1927 年 4 月，潮汕的国民党反动派发动了反革命政变，疯狂逮捕并杀害了大批共产党员和国民党左派人士。杨石魂被悬赏通缉，后在革命同志的掩护下转移到市郊农村。根据党组织的决定，杨石魂将汇集在一起的农民自卫军和工人武装组成工农自卫军，将队伍带到普宁，参加了普宁“四二三”围攻县城的武装暴动，并协助成立了普宁县临时人民政府。后率工农武装与海陆丰农军汇合，组建东江工农自卫军，彭湃为总指挥，杨石魂先后任副总指挥、党代表。

1927 年 9 月，南昌起义部队先后撤退到潮州、汕头，杨石魂率汕头农军策应起义部队，释放被关押的革命同志，并亲自护送起义领导人周恩来、叶挺、聂荣臻等安全转移到香港。

1928 年底，杨石魂被党中央调往上海工作。中共中央负责人向他布置了到武汉重建湖北省委的任务。杨石魂服从组织调遣，不避艰险，于 1929 年 2 月中旬到达武汉，出任中共湖北省委常委兼秘书长，积极开展地下斗争。因斗争环境十分险恶，杨石魂到武汉才两个多月，于 5 月初在省委办公处不幸被捕。在狱中，他坚贞不屈，后壮烈牺牲，时年 27 岁。

“先驱肝胆，义薄云天。”这是原广东人民抗日游击队韩江纵队二支司令员兼政委林川为杨石魂烈士的题词。

在钟堂村的小溪旁，有一座白墙黑瓦的建筑引人注目。这栋建于清朝光绪年间的院落，是杨石魂出生和成长的地方。2006 年，普宁市对杨石魂故居进行了修缮，现为广东省文物保护单位，是揭阳市、普宁市爱国主义教育基地。如今，杨石魂故居已经成为揭阳市和外地党员、群众接受红色革命教育、缅怀革命先烈的重要场所。

吴光浩
战果累累的传奇英雄

吴光浩，1906 年出生，湖北黄陂人。1926 年加入中国共产党，是黄麻起义领导人、鄂豫边红军和苏区创建人、中国工农红军高级指挥员。1929 年 5 月初，吴光浩率十余人化装起程，奉命赴河南商城领导起义工作，途中遭敌伏击，英勇牺牲，年仅 23 岁。

英烈语录

我们的枪丢不得。有了枪，才有工农的出路：丢了枪，就不能胜利，不能生存。

——吴光浩

虽然吴光浩烈士牺牲已近 90 年了，但在烈士的家乡——武汉市黄陂区王家河街，他的英名仍是家喻户晓。

驱车来到武汉市黄陂区王家河街蔡吴湾，村口的小山坡上就是吴光浩烈士陵园。陵园庄严肃穆，干净整洁。青松翠柏掩映下，吴光浩烈士墓静静伫立，上半部分的花岗岩上镶有烈士的半身浮雕像，依稀可见烈士当年的英姿。下半部分的石碑上镌刻着烈士生平。看到“牺牲时年仅 23 岁”的碑文，在场者无不为之惋惜。

“四伯在黄陂前川中学读书时，开始接触马列主义思想，从此走上革命道路。”吴光浩的侄子、82 岁的吴先和老人讲述了伯父的故事。

他说，吴家兄妹共八人，吴光浩排行老四，自己的父亲是老五。尽管和四伯从未谋面，但从小就听父辈讲他的事迹，“为了一心闹革命，四伯没有听父母的安排结婚，而是偷偷溜走去领导黄麻起义，从此再也没有回来”。

作为黄麻起义领导人、鄂豫边红军和苏区创建人、中国工农红军高级指挥员，1906 年出生的吴光浩，早年积极投身爱国学生运动。1925 年考入黄埔军校三期。1926 年加入中国共产党。毕业后参加北伐战争，在国民革命军第四军任连长、营长，参加了汀泗桥、贺胜桥、武昌等战斗。

1927 年大革命失败后，吴光浩被派到鄂南从事革命活动。11 月，他参与领导黄麻起义，任副总指挥，带领突击队首先攻占黄安（今红安）县城，组建工农革命军鄂东军，任副总指挥兼第二路司令。

起义遭到优势国民党军镇压后，吴光浩率领仅存的 72 名鄂东军战士和党政人员，穿过敌人的重重封锁，于12月底转至黄陂县木兰山一带开展游击战争。面对险恶的斗争环境，他告诫大家："我们的枪丢不得。有了枪，才有工农的出路：丢了枪，就不能胜利，不能生存。"

1928年1月，部队改编为中国工农革命军第7军，吴光浩任军长。他率部艰苦转战，创造出"昼伏夜动，远袭近止，声东击西，绕南进北"的游击战术，活跃在以木兰山为中心、方圆百余里的广大地区，被当地群众视为传奇般的英雄。他广泛发动群众，粉碎国民党军的进攻，在鄂豫边开创了第一块红色区域。1928年7月，任中国工农红军第十一军军长兼第三十一师师长，指挥所部多次战胜国民党军围攻。

1929年5月初，吴光浩率十余人化装起程，奉命赴河南商城领导起义工作。途经罗田县滕家堡时遭敌伏击，英勇牺牲，年仅23岁。

吴先和说，解放初期，政府就给他们家颁发"烈士家属"牌匾，1975年还专门修建烈士陵园，以纪念这位英年早逝的红军将领。2002年，吴光浩烈士墓被公布为省级文物保护单位。

"每到清明节，我们兄弟几个都会来给四伯扫墓。每年也有学生集体来到墓前缅怀四伯。"吴先和指着陵园门口挂着的"爱国主义教育基地"铜牌说。

李子洲
陕北共产党发起人

李子洲，1892年出生于陕西省绥德县。1923年初，加入中国共产党。1929年2月，由于叛徒出卖，李子洲被捕入狱。同年6月18日在狱中病逝，时年36岁。

英烈语录

> 我不怕死，我一个人牺牲了，还有更多的人活着，将来的社会必定是光明的，不要为我伤心掉泪。
>
> ——李子洲

“我不怕死，我一个人牺牲了，还有更多的人活着，将来的社会必定是光明的，不要为我伤心掉泪。”这是烈士李子洲被捕后在狱中写信鼓舞妹妹李登岳的话。

李子洲，1892 年出生于陕西省绥德县。1917 年夏考入北京大学预科，两年后入哲学系学习，参加了李大钊创建的北京大学马克思学说研究会。五四运动中，任北大学生会干事，被推举为五四游行大会主席团成员，积极参加了“火烧赵家楼、痛打卖国贼”等革命活动。

1920 年 1 月，为使全国了解陕西社会情形及黑暗状况，李子洲与旅京陕西学生创办了《秦钟》月刊。次年 10 月更名为《共进》。1922 年 10 月又成立了陕西旅京青年进步组织共进社，他既是共进社的领导人，又是《共进》半月刊的撰稿人和发行人。

1923 年初，经李大钊、刘天章介绍，李子洲加入中国共产党。同年夏，从北大毕业回陕，先后在三原渭北中学、榆林中学任教。1924 年秋，李子洲任绥德陕西省立第四师范学校校长。在他的指导下，绥师成立了学生会，组织了进步团体共进分社、陕北青年社，创办了进步刊物《陕北青年》，引导大批青年走上革命道路。

1924 年冬，李子洲等人在四师成立了陕北第一个社会主义青年团支部，并帮助榆林中学和延安四中建立了党团组织，选派刘志丹等一批党团员进黄埔军校学习军事政治，派党团员到陕北军阀部队做兵运工作，发展百余名官兵加入了中共党团组织，为这支部队后来发动清涧起义打下了组织基础。他还组织成立了陕北国民会议促成会，开展轰轰烈烈的反军阀斗争。

1926 年 12 月，李子洲奉调到西安参加筹建国民军联军驻陕总司令部和改组国民党陕西省临时党部的工作。1927 年 1 月，当选为国民党陕西省党部执行委员兼青年部部长。

1927 年 2 月，中共陕甘区执行委员会在西安成立，李子洲任执委委员，分管组织工作，在他和战友们的共同努力下，陕甘 40 多个县市成立了党团组织，农民运动轰轰烈烈。四一二反革命政变后，李子洲和陕甘其他领导人一起，组织了西安人民讨蒋游行示威，还通过国民党陕西省党部执行委员会，向全国发出通电，揭露蒋介石的反革命罪行。

1927 年 6 月，冯玉祥追随蒋介石在陕西进行“清党”，并电令留守陕西的石敬亭逮捕李子洲等共产党人，他被迫转入地下坚持斗争。7 月，中央撤销陕甘区委，成立陕西省委，李子洲当选为省委常委兼组织部长。同年 9 月，兼任中共陕西省委军委书记，参与了省委对清涧起义、渭华起义的领导决策工作。

1928 年 11 月，李子洲代理中共陕西省委书记。1929 年 2 月，由于叛徒出卖，省委机关遭到严重破坏，李子洲被捕入狱。面对敌人酷刑折磨，他坚贞不屈，与敌人进行针锋相对的斗争。由于李子洲入狱前已积劳成疾，加之敌人的残酷折磨，同年 6 月 18 日在狱中病逝，时年 36 岁。

1944 年 2 月，中共中央西北局和陕甘宁边区政府设子洲县，以志纪念。1957 年，李子洲陵园扩建为绥德革命烈士陵园。

“我们一直以老爷爷为荣，他的事迹也一直鼓舞着我们所有人，没有革命先辈的付出和努力，就不会有今天的美好生活。”李子洲烈士的重孙、63 岁的李建华说。李建华已经退休，他和家人常常在李子洲故居义务做宣讲工作，每逢佳节也会前去打扫卫生，做一些力所能及的活。

朱锡昂

八桂先驱、芳流千古

朱锡昂，1887 年 4 月出生于广西玉林市博白县。1925 年初，经恽代英介绍加入了中国共产党。1929 年 6 月初，朱锡昂等人在玉林县新桥榕木根村筹划端午武装暴动，不料被国民党军警派兵包围，朱锡昂不幸被捕。同年 6 月 8 日晚，朱锡昂被秘密枪杀，时年 42 岁。

英烈语录

共产党人是捉不完杀不尽的，共产党必然胜利！

——朱锡昂

在广西玉林市的朱锡昂烈士陵园内，每天慕名而来的市民和游客络绎不绝。陵园内一侧，一排仿古文化长廊的大理石上刻着《八桂先驱朱锡昂烈士传略》。

朱锡昂，1887 年 4 月出生于广西玉林市博白县一个教师家庭，1907 年考入广东高等工业学堂。其间受资产阶级民主革命思想的熏陶和激励，朱锡昂积极参加反清救国运动，秘密加入同盟会，参加了著名的黄花岗起义。

1912 年，朱锡昂从工业学堂毕业回到广西，先后出任玉林五属教育团副团长、玉林五属中学校长等。他极力推进新学，培养新一代，建树颇多，为当地人士所敬仰。1915 年 12 月，他参加讨袁护国运动，出任广东护国军第二军总司令部秘书。此后，他曾先后被委任为广东郁南县县长、广西省议员、广西省议会秘书长等职。

俄国十月革命的胜利和中国五四运动的爆发，使朱锡昂在思想上有了新的觉悟。中国共产党成立后，朱锡昂对马列主义有了进一步了解，返回故里任广西省立第九中学校长，并悉心研读革命理论，探索中国出路。1923 年，朱锡昂重新回到玉林五属中学担任校长，多次拒绝广西当局要他出任广西教育厅厅长的邀请。

由于办学成绩卓著，1924 年朱锡昂被选派到日本、菲律宾考察教育。东渡日本后，他与留日的中国共产党党员接触频繁，深入研究马克思主义。1925 年初，朱锡昂经恽代英介绍加入了中国共产党。

回国后，他利用在教育界的有利地位，奔走于上海、广州、武汉、香港等地，积极为党工作。后根据党的指示返回玉林，从事地下活动，宣传马列主义，发展党员，建立党的组织，培育革命力量，曾任中共广西特委书记和中共广西临时省委主要负责人，是玉林地区党组织的创始人之一。

加入中国共产党之前，朱锡昂已是广西有名的教育家、社会活动家。成为共产党员后，他换下西装，经常身着黑布短衫，头戴斗笠，从书斋阁楼走到田间村头，步行到农村去和群众劳作、谈心。朱锡昂以顽强的精神宣传马克思主义，每逢星期一给学生作报告，讲述马克思主义学说，或者分析时事形势。此外，还把星期六定为工农运动日，全校师生分队下乡宣传，制定“思想革命化、生活平民化”的校训。

1926 年春，朱锡昂建立了中共玉林地方组织的第一个支部——中共玉林县支部，任支部书记。此后一段时间内，朱锡昂辗转上海、武汉、广州、香港和南洋各地从事党的活动，于 1927 年冬参加了广州起义。1928 年，朱锡昂回到广西负责恢复和发展党的基层组织，领导广西的革命运动。

1929 年 6 月初，朱锡昂等人在玉林县新桥榕木根村筹划端午武装暴动，不料被国民党军警派兵包围。危急时刻，朱锡昂妥善处理好文件，然后同武装人员突围出村。由于高度近视，眼镜脱落导致行动不便，在掩护同志撤离后他却不幸被捕。面对敌人的威逼利诱、严刑拷打，朱锡昂威武不屈，大义凛然，始终坚持不暴露一丝一毫党的秘密。

朱锡昂被捕后，党组织多方营救，愤怒的人民群众到玉林县政府示威抗议，各界人士纷纷要求释放朱锡昂。国民党当局害怕人民群众的力量，于 1929 年 6 月 8 日晚在玉林城外北角楼城脚公路旁的小榕树下将朱锡昂秘密枪杀，此为震惊玉林的“榕木根事件”，朱锡昂时年 42 岁。

“朱锡昂是广西早期革命运动杰出的组织者和领导者，为中国革命呕心沥血奋斗了一生，为人民翻身解放流尽最后一滴血。”中共玉林市委党史办公室副主任庞兆玉说。

为缅怀烈士、启迪后人，玉林当地于 1958 年修建朱锡昂烈士墓，1978 年重修，1987 年建烈士雕像、铭碑。如今，朱锡昂烈士陵园已成为广西壮族自治区级重点文物保护单位、自治区级重点烈士纪念建筑物保护单位及爱国主义教育基地，每年清明节及烈士纪念日前后，大量党员干部、青少年和当地群众都会前来祭扫。

钟竹筠
为党捐躯的女英雄

钟竹筠，女，1903 年生于广东省遂溪县一个贫苦农民家庭。1925 年成为广东南路地区最早的女共产党员。1927 年 9 月，由于叛徒出卖，钟竹筠被敌人逮捕，1929 年 7 月，英勇就义于北海西炮台刑场，年仅 26 岁。

英烈语录

革命不会完！最终完的是你们这伙人面兽心的反动派！我早已把生死置之度外，难道还怕你们几个反动派？要宰要割任你。但是，你们休想从我口中得到任何东西！

——钟竹筠

在广东省遂溪县杨柑镇祝君村有一尊人理石雕像，一年有五千多人次来到这里瞻仰、悼念，这就是钟竹筠烈士的雕像。

钟竹筠，女，1903 年生于广东省遂溪县一个贫苦农民家庭。1921 年秋，考入北海贞德女子学校，接触进步书刊，受到马克思主义著作和十月革命的影响，开始走上革命道路。

1925 年 5 月，她被广东农民运动著名领袖人物之一、南路农民领袖黄学增推荐到广州，参加第四期农民运动讲习所学习。在农讲所学习中，她得到了周恩来、彭湃、恽代英、阮啸仙等共产党人的教导和影响，并加入了中国共产党，成为广东南路地区最早的女共产党员。同年，钟竹筠与中共党员韩盈结为伴侣。

从农讲所毕业后，钟竹筠先后被任命为以共产党员为骨干的国民党广东南路特委会委员兼省党部妇女部特派员、广东省农民协会南路办事处干事、南路特委妇女部长。

1926 年 10 月，钟竹筠受中共南路党组织和南路办事处的派遣到防城县东兴镇，指导发展党员，开展建党工作，并领导防城的工农运动和妇女解放运动，被选为广东省妇女解放协会防城分会主席。

1927 年春，钟竹筠在东兴创建了中共防城县第一个支部——中共东兴支部，并担任支部书记。

1927 年 4 月中旬，蒋介石叛变革命，南路地区笼罩在一片白色恐怖中，共产党人遭到屠杀，党的组织被破坏，钟竹筠的丈夫韩盈也在遂溪县被捕牺牲。

钟竹筠忍着悲痛，不畏反动当局对她的通缉，继续在东兴芒街一带坚持地下斗争，她深入工农群众，揭露国民党新军阀背叛孙中山三大政策、叛变国民革命、屠杀共产党人和革命群众的滔天罪恶，宣传和组织工农群众，与反动派进行坚决斗争。钟竹筠的活动，引起了反动当局的很大恐慌，钦廉地区反动军警奉命四处缉捕钟竹筠。

1927 年 9 月，由于叛徒出卖，钟竹筠被敌人逮捕，被作为“共党要犯”押往广西北海。在狱中，敌人对她威胁利诱和酷刑折磨，宣称“只要你公开宣布脱离共产党，供出共党内部的机密，金钱、地位、享受都有”。面对凶恶的敌人，钟竹筠表现了一个共产党员的革命气节和牺牲精神，她回答敌人：“革命不会完！最终完的是你们这伙人面兽心的反动派！我早已把生死置之度外，难道还怕你们几个反动派？要宰要割任你。但是，你们休想从我口中得到任何东西！”

1929 年 7 月，钟竹筠高呼着“中国共产党万岁！”的口号，英勇就义于北海西炮台刑场，年仅 26 岁。

为了纪念钟竹筠烈士，家乡人民将她的出生地杨柑镇忐忑塘村，改为杨柑镇祝君（竹筠别名）村，并修缮了钟竹筠烈士故居。

“钟竹筠为了人民的解放、自由和幸福，献出了年轻的宝贵生命。她舍生取义的崇高品德和革命气节，激励着一代代年轻的共产党员前仆后继，用行动践行着对党与人民的忠诚。”中共遂溪县委党史办主任程哲鸣说。

毛泽建
勇敢的女游击队长

毛泽建，1905年10月生，湖南湘潭韶山人，从小过继给毛泽东的父母做女儿。1923年，毛泽建加入中国共产党。1928年，毛泽建在战斗中被捕，后英勇就义于湖南衡山县马庙坪，年仅24岁。

英烈语录

誓死为党！

——毛泽建狱中血书

“出生入死闯险关，革命火种撒南湘。夫妻碧血染云霞，一代女杰留芬芳。”这是在湖南湘潭韶山这片红色的热土广为流传的一首诗歌，歌颂的是英勇的女共产党员毛泽建。

韶山市委书记杨晓军告诉记者，在韶山烈士陵园山顶，分别安放杨开慧、毛泽民、毛泽覃、毛泽建、毛岸英、毛楚雄等毛泽东六位亲人的铜像。每逢清明节、烈士纪念日，韶山市的干部群众和中小学生都在此举行纪念活动，向烈士铜像敬献花篮。如今，韶山烈士陵园作为韶山市爱国主义教育基地的主阵地，每年都要接待大量来参观的外地游客。

毛泽建，1905 年 10 月生，湖南湘潭韶山人，从小过继给毛泽东的父母做女儿。1921 年春，她跟随毛泽东到长沙，进入崇实女子职业学校和长沙自修大学补习学校学习。

1923 年，毛泽建加入中国共产党，同年秋考入衡阳省立第三女子师范学校。在校期间，毛泽建多次参加革命斗争，每次都冲锋在前，被人们称为“女先锋”。

1926 年夏，受党指派毛泽建与丈夫、共产党员陈芬在湖南衡阳开展农民运动。1927 年 11 月，毛泽建担任中共衡山县委组织和妇运委员。1928 年初，毛泽建参加朱德、陈毅领导的湘南起义，担任湖南省耒阳县游击队队长。

在艰苦的斗争中，毛泽建带领游击队员刺探敌情、打击敌人，捕捉了一些反动头目，迅速成长为远近闻名的“女游击队长”。在 1928 年 5 月的一次战斗中，毛泽建和丈夫陈芬先后被敌人逮捕，敌人杀害了陈芬。不久，毛泽建被井冈山根据地的红军救出。面对敌人的猛烈反扑，为了不拖累同志们，身怀有孕和负伤的毛泽建坚决要求留在当地隐蔽。她在生下孩子后，不幸再次被敌人抓捕。

敌人把毛泽建从耒阳押到衡阳，后又押到衡山，使用封官许愿和酷刑拷打，想从这位共产党员、女游击队长身上获得党的重要机密和军事行动计划。面对敌人种种毒刑拷问，毛泽建无所畏惧，宁死不屈。

在狱中，毛泽建写下了“誓死为党”“毛泽东是大有希望的，革命一定会胜利”等血书表达自己对中国共产党的赤胆忠诚。1929 年 8 月 20 日，毛泽建高呼“中国共产党万岁！”等口号，英勇就义于湖南衡山县马庙坪，年仅 24 岁。

2013 年 12 月 26 日，为纪念毛泽东诞辰 120 周年，韶山市修建了中共韶山特别支部历史陈列馆。

杨晓军说：“毛泽建作为毛泽东的堂妹，是一名坚定的共产主义战士，是老一辈韶山革命家的优秀代表，是韶山人民的好儿女，激励着一代又一代韶山人民不忘初心、牢记使命、奋发图强。”

彭湃

『农民运动大王』

1896年10月，彭湃出生在广东省海丰县。1928年11月，彭湃当选中央政治局委员，奉命赴上海，任中共中央农委书记、中共中央军委委员、中共江苏省委军委书记。1929年8月，彭湃因叛徒出卖被捕。同年8月30日，彭湃与战友四人壮烈牺牲，年仅33岁。

英烈语录

为了我们的子子孙孙争得幸福的生活，就是献出了自己的生命也是在所不惜的。

——彭湃

彭湃，我党老一辈无产阶级革命家、中国农民革命运动先导者、著名的海陆丰苏维埃政权创始人。

1896 年 10 月，彭湃出生在广东省海丰县。早年赴日本求学，1918 年入日本早稻田大学政治经济科学习，曾参加中国留学生的爱国运动。

1921 年 5 月回国后，在家乡海丰创办社会主义研究社和劳动者同情会，传播马克思主义。

1922 年 5 月，与杨嗣震、李春涛等成立社会主义青年团海丰组织。1922 年夏，他只身深入农村，了解农民疾苦，组织农民起来，开展农民运动。他撰写的《海丰农民运动》一书，成为从事农民运动者的必读书，他也被誉为“农民运动大王”。毛泽东对海陆丰农民运动给予充分肯定，他在《湖南农民运动考察报告》中指出，“县政治必须农民起来才能澄清，广东的海丰已经有了证明”。

1922 年 7 月，彭湃和张妈安等六人成立海陆丰第一个农会——“六人农会”，从此点燃农民运动的火种。1923 年 1 月，海丰县总农会成立，彭湃为会长。彭湃为总农会制定了会旗，起草了临时简章、章程。农民运动以燎原之势迅速发展，同年 7 月，扩展到陆丰、惠阳等 10 县，彭湃相继组建了惠州农民联合会和广东省农会。

1924 年 4 月，彭湃赴广州领导农民运动，创办农民运动讲习所，是第一届、第五届农讲所主任和农讲所骨干教员。第一次国共合作后，彭湃以国民党中央农民部特派员身份到达广宁，领导开展广宁农民反对地主武装的斗争。1925 年 2 月，彭湃参加东征。

1925年3月上旬，彭湃组织成立中共海丰支部，并担任书记。4月上旬，中共海丰支部改称为中共海陆丰特别支部。后中共海陆丰特别支部改组为海陆丰地委。

1927年3月赴武汉，澎湃与毛泽东等发起组织中华全国农民协会临时执行委员会，并任执行委员兼秘书长。

大革命失败后，彭湃赴南昌，参加以周恩来为书记的党的前敌委员会，参与领导南昌起义。党的八七会议选举了临时中央政治局，他当选政治局委员，后兼任中共中央南方局委员。10月底返抵海陆丰，策动武装起义。

1927年11月，彭湃领导建立海陆丰苏维埃政权。1928年上半年，彭湃领导的农民武装加上叶镛、徐向前等带领的广州起义部队红四师部分兵力，在海陆丰、普宁、惠来、潮州一带开展武装斗争，拓展革命根据地，巩固、捍卫苏维埃政权。1928年11月，彭湃当选中央政治局委员，奉命赴上海，任中共中央农委书记、中共中央军委委员、中共江苏省委军委书记。

1929年8月，彭湃因叛徒出卖被捕，被关押在上海龙华监狱。在狱中，他坚贞不屈，英勇斗争。面对死亡威胁，他说："只要我还有一口气，我就要为共产主义事业奋斗到底！"他坚定地表示："不久的将来，一定能够推翻反动的统治，建立全国的苏维埃政权""为了我们的子子孙孙争得幸福的生活，就是献出了自己的生命也是在所不惜的"。

1929年8月30日，澎湃与战友杨殷、颜昌颐、邢士贞4人高唱《国际歌》，呼喊着"打倒帝国主义！""中国红军万岁！""中国共产党万岁！"等口号壮烈牺牲，年仅33岁。

如今，当年彭湃领导海陆丰苏维埃政权活动的中心——"海丰红宫红场旧址纪念馆"已成为全国重点文物保护单位、全国爱国主义教育示范基地、全国红色旅游经典景区、广东省干部党性教育现场教学基地等，每年都吸引着成千上万海内外中华儿女前来参观、凭吊以及举行各种教育活动。

颜昌颐
热血谱写革命篇章

颜昌颐，1898 年出生于湖南省安乡县，1922 年初加入中国共产党。1928 年 11 月来到上海，担任中央军委委员兼江苏省军委委员、江苏省军委秘书。1929 年 8 月 24 日，因叛徒告密，颜昌颐与彭湃、杨殷、邢士贞一起被捕。8 月 30 日，颜昌颐等四位烈士在上海龙华英勇就义。

英烈语录

国步日艰难，生民似倒悬。青年应有责，破旧换新天。

——颜昌颐

在位于湖南北部的安乡县，有一条横穿县城南部的道路，熙熙攘攘、车水马龙。这条路名叫昌颐路，为纪念革命烈士颜昌颐而修建。安乡，就是颜昌颐的故乡。

颜昌颐，1898 年出生于湖南省安乡县，1919 年 12 月赴法国勤工俭学，因参加学生斗争，于 1921 年底被押送回国。1922 年初在上海加入中国共产党。1924 年入莫斯科东方大学学习。1925 年初，颜昌颐与叶挺、聂荣臻等 20 多人被调入苏联红军学校中国班学习军事。

1925 年 9 月，颜昌颐回到上海，参与筹组中央军事部（后改称中央军委）。1926 年，担任中共湖南区委军事部部长，领导军事部组织工农武装，支持北伐军在湖南战场的胜利进军。1926 年 9 月，他被调回中央军委，协助周恩来和赵世炎的工作，参加组织和指挥了上海工人三次武装起义。

大革命失败后，颜昌颐随周恩来领导的中共中央军事部来到武汉。7 月，中共中央做出举行南昌起义的决定，聂荣臻、贺昌、颜昌颐组成临时前敌军委，到江西九江向当地驻军中的共产党员传达中央决定，策应起义。南昌起义后，他任起义军第十一军第二十四师党代表。10 月，起义军主力在广东潮汕一带遭到敌人围攻失败，董朗和颜昌颐等集合第二十四师余部 1000 余人，艰苦转战在广东东江地区，后参加彭湃领导的海陆丰武装起义，为建立和发展海陆丰苏维埃政权做出了贡献。

1927 年 11 月，以彭湃为书记的中共东江特委重新成立，颜昌颐为特委委员、特委军委主任。随后，颜昌颐按党的要求撤离东江，辗转香港，于 1928 年 11 月来到上海，担任中央军委委员兼江苏省军委委员、江苏省军委秘书，协助彭湃工作。

1929 年 8 月 24 日，因叛徒告密，颜昌颐与彭湃、杨殷、邢士贞一起被捕。在狱中，颜昌颐等人表现了共产党人的坚强意志和品质，敌人高官厚禄的引诱和严刑拷打的折磨，丝毫没有动摇他们的革命意志和革命精神。8 月 30 日，颜昌颐等四位烈士在上海龙华英勇就义。周恩来在党的机关报《红旗日报》上撰文指出“彭、杨、颜、邢四烈士的牺牲是中国革命、中国党之很大的损失！”他们“英勇的战绩，却永远光明地纪念在每一个人的心中，永远不会湮灭”。

“颜昌颐为南昌起义、为建设海陆丰苏维埃政权做出了不可磨灭的贡献，受伤仍坚持战斗，是很了不起的。”72 岁的安乡县党史办原主任丁安辉，多年来研习颜昌颐革命事迹，“颜昌颐是一个坚定的马克思主义者。我们当代共产党人，应该学习他勇往直前、永不屈服的精神。”

杨殷
用生命捍卫信仰

杨殷，1892 年 8 月生，广东中山人。1922 年秋加入中国共产党，是著名的工人运动领袖，党的早期军事工作的重要领导者，我党情报保卫工作的重要开拓者之一。1929 年 8 月 24 日，由于叛徒告密，杨殷与彭湃等同志在上海被捕。同年8月30日，杨殷等人被秘密杀害于上海龙华。

英烈语录

> 我们已共同决定临死时的宣说词了。我们未死的那一秒以前，我们努力做党的工作，向士兵宣传，向警士宣传，向狱内群众宣传。
>
> ——杨殷

在广东省中山市南朗镇翠亨村的西北方向，有一幢始建于清代咸丰年间的旧宅。该旧宅与孙中山故居直线距离不到百米，门口墙上嵌有白色大理石，上刻“杨殷故居”。

杨殷是著名的工人运动领袖，党的早期军事工作的重要领导者，我党情报保卫工作的重要开拓者之一。他为中华民族的独立和中国人民的解放建立了卓越功勋，作出了重要贡献。

杨殷，1892 年 8 月生，广东中山人，1911 年加入孙中山领导的同盟会。1922 年秋加入中国共产党，同年底被派往苏联参观、学习。1923 年回国后在广东从事工人运动。1925 年 3 月起，任全国铁路总工会广州办事处顾问。上海“五卅惨案”发生后，参与组织和领导省港工人大罢工。

1927 年党的八七会议后，杨殷任中共广东省委常委、工委书记、南方局委员、军事委员会委员等职务。同年 12 月，参与领导广州起义，负责总指挥部参谋团的工作，任广州苏维埃政府肃反人民委员。张太雷牺牲后，他被任命为广州苏维埃政府代主席。

1928 年 7 月，杨殷在中共六届一中全会上当选为中共中央政治局候补委员、候补常委，任中共中央军事部部长。1928 年 11 月起任中共中央政治局委员、常委。1929 年 1 月起任中共中央军事部部长、中央军委委员、中央军委主任兼中共江苏省委军事部长。

1929 年 8 月 24 日，由于叛徒告密，杨殷与彭湃等同志在上海被捕。敌人对他们软硬兼施，企图迫使他们屈服，从中得到党的核心机密，但遭到杨殷等人严词斥责，敌人一无所获。杨殷等人自知敌人决不会放过他们，便在给党中央的信中说：“我们已共同决定临死时的宣说词了。我们未死的那一秒以前，我们努力做党的工作，向士兵宣传，向警士宣传，向狱内群众宣传。”表现了一个共产党员至死不渝的理想信念和一心为党为革命的崇高风范。

1929 年 8 月 30 日，杨殷等人被秘密杀害于上海龙华。

1989 年，广东省人民政府将杨殷故居列为省级重点文物保护单位。2016 年起，杨殷故居向社会各界开放，在游客中心常年接受社会各界预约导览讲解，印发免费宣传折页及介绍杨殷革命事迹和精神的出版物供游客自由领取。

2017 年 12 月，中山市委组织部、宣传部牵头，修缮杨殷故居，在相邻房屋重新制作布置《用生命捍卫信仰——杨殷烈士纪念展览》，通过合理利用展厅空间和使用声光电等技术生动形象地呈现杨殷烈士为党和人民无私奉献的英雄形象。

缪伯英
中国共产党第一个女党员

缪伯英，1899年10月出生，湖南长沙人。同年11月，参加了由李大钊组织的北京党的早期组织，成为中国共产党的第一个女党员。由于斗争环境险恶，食无定时，居无定所，使缪伯英积劳成疾，1929年10月在上海病逝。

英烈语录

既以身许党，应为党的事业牺牲，奈何因病行将逝世，未能战死沙场，真是遗憾终生！你要坚决与敌斗争，直到胜利！

——缪伯英

从长沙城出发，沿着京珠高速向北行，在板仓互通下高速后再在乡间道路上走六七公里，就到了中国共产党第一个女党员缪伯英的故居。

缪伯英故居位于湖南长沙县开慧镇飘峰山村枫树湾组，属于典型的清代江南民居建筑，土木结构，大三进，两天井。现存房屋为二进一天井，内有大小房间 12 间。

长沙县党史联络组特邀编撰范季明告诉记者，缪伯英把毕生的精力和年轻的生命奉献给了革命事业。她是一面旗帜，一座丰碑，为后人树立了一个光辉榜样。

缪伯英，1899 年 10 月出生，湖南长沙人。1919 年 7 月考入北京女子高等师范学校学习。1920 年初参加了北京大学马克思学说研究会。同年 11 月，参加了由李大钊组织的北京党的早期组织，成为中国共产党的第一个女党员。

中国共产党第一次全国代表大会后，缪伯英积极投身于群众运动。1922 年下半年缪伯英任中国劳动组合书记部女工部的负责人，经常深入到丰台、南口、石家庄等地，在工人和他们的家属中宣传马克思主义。

同年 8 月，缪伯英遵照党组织的决定，开展党外联合战线工作，被选为民权运动大同盟的筹备员，负责筹备北京女权运动同盟会，推动妇女争取政治和经济上的平等权利。

1923 年 2 月，缪伯英参与领导了京汉铁路北段的总罢工，在罢工遭到北洋军阀政府的血腥镇压后，秘密主持编印了《京汉工人流血记》等宣传品，揭露军阀政府残害工人的暴行。为避开北洋政府的追捕，缪伯英按照党组织的安排回到家乡湖南。

1925 年 1 月，缪伯英担任中共湖南省委第一任妇委会书记，省妇女运动委员会主任。1927 年 8 月缪伯英前往上海，在残酷的白色恐怖中，开展地下工作。

由于斗争环境险恶，食无定时，居无定所，长期清贫而不稳定的生活，使缪伯英积劳成疾，1929 年 10 月在上海病逝。临终前，她对家人说：“既以身许党，应为党的事业牺牲，奈何因病行将逝世，未能战死沙场，真是遗憾终生！你要坚决与敌斗争，直到胜利！”

缪伯英病逝后，她的丈夫何孟雄将她装殓入棺，灵柩寄存在扬州会馆。令人扼腕的是，1931 年 2 月，何孟雄在上海龙华监狱被国民党反动派杀害，缪伯英的灵柩和一双儿女遂不知所踪。

记者了解到，2005 年，缪伯英故居被确定为长沙市文物保护单位，同年 8 月故居完成修缮并对外开放。2011 年 1 月，故居被确定为湖南省文物保护单位。

长沙县委书记曾超群告诉记者，为告慰先烈英灵，弘扬革命精神，长沙县 2018 年又专门成立了缪伯英故居修缮工作领导小组，并安排了专门工作经费，还邀请了一批党史专家学者挖掘整理缪伯英生平事迹。

救护队的『女将军』
高恬波

高恬波，1898 年生于广东省惠阳县。1924 年春加入中国共产党，成为广东省第一个女党员。1929 年 12 月，由于叛徒出卖，高恬波不幸被反动派逮捕，英勇就义，牺牲时 31 岁。

英烈语录

到了你们手里，就没想要活着出去！

——高恬波

农妇们称她为“活观音”，北伐官兵赞她是“女将军”，何香凝评价她夫妇“可以留名于后世”。面对反动派刽子手的死亡威胁，她坦然自若地说：“我现在只求一死。”她就是广东省第一个女共产党员——高恬波。

高恬波，1898年生于广东省惠阳县。17岁考入广州市妇孺产科学校。1919年在广东参加五四运动。1923年加入中国社会主义青年团。1924年春加入中国共产党，成为广东省第一个女党员。

第一次国共合作期间，高恬波任国民党中央妇女部干事，成为妇女部长何香凝的得力助手。1924年7月，高恬波参加彭湃主持的广州第一期农民运动讲习所。学习结束后，她担任农民运动特派员，奔走于广东花县、顺德、中山、潮梅等地农村，撒播革命火种，开展农民运动。

1925年冬，为配合国民革命军北伐，何香凝、邓颖超等人发起组织“军人家属妇女救护员传习所”，培训北伐救护人员，高恬波亲自到该所讲授包扎技术。

1926年，国民革命军开始北伐，高恬波担任北伐军妇女救护队队长，带领女救护队员，随军北伐，辗转湘、鄂、赣三省之间。1926年8月，北伐军进攻汀泗桥的战斗中，她带队冒着枪林弹雨，奋不顾身地抢救伤员，在中弹负伤的情况下，顽强地将伤员救下火线，被官兵们称赞为救护队的“女将军”。她还积极做宣传工作，给士兵们讲革命道理，动员民众参加革命。

大革命失败后，高恬波按照党的要求转移到农村坚持革命。1927年12月，广州起义爆发，她回到广州，组织领导妇女救护伤员。

广州起义失败后，她被党派到江西省委，除做妇女工作外，还兼任秘密交通、会计、庶务等工作，来往于南昌、赣州等地。

1929 年 12 月，由于叛徒出卖，高恬波不幸被反动派逮捕。反动军阀张辉瓒对她威逼利诱，逼她投降，说出党的秘密。但无论是花言巧语，还是严刑拷打，高恬波始终横眉冷对、坚贞不屈。敌人最后问她："难道你就不怕死吗？"她大义凛然地回答："到了你们手里，就没想要活着出去！"同月，这位铁骨铮铮的共产党员，英勇就义，牺牲时 31 岁。

为了悼念高恬波烈士，1930 年 1 月，党中央机关刊物《红旗》第 69 期发表了《悼我们的女战士高恬波同志》，号召学习她的革命精神，斗争到底。新中国成立后，时任全国人大常委会副委员长的何香凝写了《回忆高恬波同志》一文，褒扬高恬波和阮啸仙夫妇的革命事迹。"高恬波为被封建奴役的中国妇女争取人权，带领广大工、农、妇女发动革命运动，与帝国主义、反动势力进行殊死斗争，是中国共产党员的优秀典范！"惠州市惠阳区委党史办主任刘山鹰说，她的精神感召着一代又一代共产党人。

如今，告慰高恬波烈士的是，其家乡惠阳区发生了翻天覆地的变化，先后被评全国文明城市、全国义务教育发展基本均衡区、全国科普示范区、全国法制宣传教育先进区、全国绿化先进集体等荣誉称号。

王文明

『琼崖革命第一人』

王文明，1894 年出生于广东乐会（今海南琼海），字钦甫。1930 年 1 月 17 日，共产主义的忠诚战士、琼崖党政军和革命根据地的主要创始人、琼崖工农群众领袖王文明因积劳成疾，于母瑞山病逝，时年 36 岁。

英烈语录

愈困难愈奋斗！

——王文明

在海南省琼海市嘉积中学校园旁，王文明衣冠冢静静地坐落在家乡父老为他修建的“文明园”中。虽然烈士牺牲已近90年，但他作为中共琼崖地方组织、琼崖工农红军、琼崖苏维埃政府创始人的英雄事迹仍是家喻户晓。

王文明，1894年出生于广东乐会（今海南琼海），字钦甫。1917年至1920年，在琼崖中学读书时，王文明参与领导了爱国学生运动，曾被选为琼崖学生联合会副会长、抵制日货总会会长。

1924年秋王文明就读于上海大学社会系，系统接受了马克思主义教育，不久加入中国共产党。1925年到广州，参与组建琼崖革命大同盟。他广泛团结琼崖革命青年，以《新琼崖评论》为阵地，进行革命宣传，为琼崖党组织的建立做了思想上和组织上的准备。

同年10月，王文明受中共广东区委委派，任国民革命军第四军十二师党代表兼政治部主任，参加讨伐军阀邓本殷的南征。南征的胜利，结束了琼崖封建军阀割据的局面。随后，王文明全力投入琼崖党组织的筹建工作，发展了一批共产党员。

1926年6月，王文明在海口主持召开中共琼崖第一次代表大会，成立中国共产党琼崖地方委员会，被选为地委书记。他领导开展工农运动，成立广东农协琼崖办事处，组织农民自卫军；成立琼崖总工会，组织工人纠察队，为创建琼崖革命根据地奠定了基础。

1927年，大革命失败后，王文明率地委机关撤到乐会县第四区建立农村革命根据地，他一边抓武装队伍建设，一边抓基层党组织建设，到1928年1月，全琼以乐会县第4区为中心的农村革命根据地初具规模，党员发展到 17000 人，革命斗争出现了新的高潮。

1927 年 11 月起，王文明任中共琼崖特委书记、琼崖工农革命军（后称工农红军）党代表、琼崖苏维埃政府主席、中共广东省委委员。在琼崖红军遭受严重挫折的情况下，坚持立足农村进行斗争。

1928 年 12 月，王文明带领 130 余名红军和琼苏政权机关干部、工作人员转移到母瑞山区，开辟新的农村革命根据地。

1930 年 1 月 17 日，王文明因积劳成疾，于母瑞山病逝，时年 36 岁。琼崖苏维埃政府发布《告群众书》指出：王文明同志不愧为琼崖数百万劳动群众最爱戴的领袖。他英勇奋斗、吃苦耐劳的精神，将永远鼓舞工农群众胜利前进。

综观王文明对琼崖革命的作用和贡献，海南省委党史研究室原主任、研究员邢诒孔认为："他不愧是'琼崖工农群众的领袖''如铜似铁的革命家'，琼崖革命第一人！"

宛希先 井冈山上一尖兵

宛希先，1906 年生，湖北黄梅人。1925 年加入了中国共产党。1929 年初红四军出击赣南，他奉命留守井冈山，任中共湘赣边界特委常委。1930 年 2 月 24 日，宛希先在江西永新县大湾牺牲，年仅 24 岁。

炎炎夏日，在位于湖北省黄冈市黄梅县下新镇宛大村村口的小山坡上的宛希俨宛希先烈士陵园里，松柏肃立，绿荫满园。

下新镇党委书记王小恒告诉记者，烈士陵园是为宛希俨宛希先兄弟俩而建。作为黄梅县爱国主义教育基地和革命传统教育基地，每年都有三万多名慕名前来瞻仰、悼念的市民和游客。

宛希先，1906年生，湖北黄梅人。1924年在黄梅八角亭高等小学读书时，在堂兄宛希俨和黄梅县进步知识青年的影响下，接受马克思主义，参加革命活动。1925 年加入了中国共产党。1926 年入国民革命军第二方面军总指挥部警卫团五连当兵，后任连长。

1927 年 9 月参加湘赣边界秋收起义，任工农革命军第一师一团一营党代表。起义部队到达三湾后，宛希先响应毛泽东的号召，首先站出来表示坚决革命到底。

三湾改编后，宛希先任团政治部主任兼一营党代表，并被增补为前委委员。从此，他跟随毛泽东奔上井冈山，在实现工农武装割据的斗争中，做出了卓越的贡献。

在井冈山斗争初期，宛希先曾率部两次攻克茶陵，参与建立湘赣边界第一个县级红色政权——茶陵县工农兵政府。

1928 年 1 月，宛希先等率领工农革命军，在毛泽东指挥下，攻克了井冈山东南最大的反动堡垒遂川城。后又前往九陇山（今九龙山）开辟革命根据地。在九陇山，他带领干部战士走村串寨，访贫问苦，宣传革命道理，并在九陇山建立了第一个农村党支部和农民赤卫队。粉碎了国民党对九陇山的围攻，使九陇山革命根据地成为井冈山根据地的一大屏障。

1928 年 4 月起，宛希先任中国工农革命军（后改称工农红军）第四军十师党代表、中共湘赣边界特委委员、中共茶陵县委书记，参与开辟和保卫井冈山革命根据地的斗争，屡建战功。在湘赣边界的武装割据中，他与毛泽东一起，反对分兵向湘南冒进的错误主张。在第一次反“会剿”斗争中，任北路行动委员会书记，率红三十二团一部和地方武装，在永新北乡迎击安福方向来犯之敌，胜利完成任务，为红军进行战略反攻创造了有利条件。在保卫井冈山根据地艰苦斗争的后期，宛希先革命意志坚定，经受住严峻考验，与毛泽东一起粉碎了革命队伍内变节分子的叛变阴谋。1929 年初红四军出击赣南，他奉命留守井冈山，在国民党军进犯、井冈山五井等军事要地被占领的不利形势下，任中共湘赣边界特委常委，深入边界各地，健全和扩大党的组织，领导群众开展政治斗争和经济斗争。

1930 年 2 月 24 日，宛希先在江西永新县大湾牺牲，年仅 24 岁。1945 年，中国共产党第七次全国代表大会追认宛希先为革命烈士。

袁文才、王佐从绿林好汉到红军将领的井冈英杰

王佐烈士图

袁文才，1898年生，江西宁冈县（今井冈山市）人。王佐，1898年生，江西遂川县人。1930年2月，袁文才、王佐在永新县含冤牺牲，时年32岁。

盛夏时节，江西省井冈山市大井村的北山冈上庄严肃穆。青山翠柏掩映之下，一座石雕门楼格外醒目，在门楼楹联上，镌刻着“风际云会立伟业于井冈”“金戈铁马存英魂在罗霄”红色大字。穿过门楼，沿着石阶拾级而上，映入眼帘的便是王佐烈士的墓碑和雕像。

“1927 年 10 月，毛泽东率领工农革命军来到井冈山，我的太爷爷王佐和袁文才一起打开山门，接受共产党的改造，加入了革命的队伍。”站在王佐烈士的墓碑前，王佐的曾孙王华文正向慕名前来的参观者讲述王佐和袁文才当年的事迹。

袁文才，1898 年生，江西宁冈县（今井冈山市）人。王佐，1898 年生，江西遂川县人。袁文才、王佐都生长在井冈山地区，早年因反抗土豪劣绅的压迫，相继投身绿林，组织队伍，“杀富济贫、除暴安良”，在茅坪和茨坪遥相呼应，控制了整个井冈山。

1926 年 9 月，在中共宁冈县党组织领导下，袁文才率部参加宁冈暴动，任县人民委员会军事部长、赣西农民自卫军副总指挥，并于同年 11 月加入中国共产党。1927 年 1 月，王佐也把自己的队伍改编成党领导的遂川县农民自卫军，任赣西农民自卫军副总指挥。

1927 年 10 月，毛泽东率领的秋收起义部队到达井冈山后，积极团结改造袁文才、王佐，他们也愿意向共产党靠拢，把毛泽东和起义部队接上井冈山，并率部接受改编，参加了创建井冈山革命根据地和建立红军队伍的艰苦斗争，为中国革命做出了重要贡献。

1928 年初，袁文才和王佐所部经过改编后正式编为中国工农革命军第一军第一师第二团，袁文才任团长兼一营营长，王佐任副团长兼二营营长，不久，王佐也加入了中国共产党。1928 年 4 月，红四军成立，袁文才和王佐分别任红四军第十一师第三十二团团长和副团长。同时，他们还兼任遂川县第一届工农兵代表大会执行常委、中共湘赣边界特委委员、湘赣边界防务委员会主任和副主任，袁文才还担任湘赣边界工农兵政府主席。这期间，他们率领所部先后参加了宁冈新城战斗、龙源口战斗和著名的黄洋界保卫战等作战，屡立战功。

1929年1月，毛泽东、朱德率红四军向赣南、闽西进军，袁文才曾任红四军参谋长随军出征。王佐则率部队配合彭德怀指挥的红五军守卫井冈山，多次打退敌人的进攻。1929年4月，王佐的部队与宁冈、永新、莲花三县赤卫大队合并为独立团，他任团长。后独立团编入红五军第五纵队，王佐任司令员，一直坚守在湘赣边界开展游击战，使井冈山红旗始终不倒。1930年2月，袁文才、王佐在永新县含冤牺牲，时年32岁。

1950年，党和政府追认袁文才、王佐为革命烈士。1965年，毛泽东重上井冈山时，亲切地会见了他们的家属。

“袁文才爷爷的一生尽管短暂，但却光辉灿烂，他身上所展现出的革命精神也将一直激励鼓舞后人不断砥砺前行。”袁文才的嫡孙袁建芳曾是中国井冈山干部学院的特聘教授，今年61岁的他虽然已经退休，但仍在继续为来自全国各地的学员讲授党课。袁建芳告诉记者，作为烈士后代，他有责任传承和弘扬革命精神，这既是表达对先烈们的深切缅怀，同时也让这笔宝贵的精神财富启迪和教育更多的人。

胡幼松

铁丝穿骨的红色壮士

胡幼松，湖北沔阳（今仙桃市）人，生于1898年，1924年7月加入中国共产党。1930年4月24日，因叛徒告密，遭反动民团包围突袭，胡幼松落入敌手，4月26日英勇就义，年仅32岁。

英烈语录

要铡就铡吧！共产党员头可断，血可流，革命理想不可丢！

——胡幼松

尽管牺牲近 90 年了，以胡幼松为原型的大型现代花鼓戏《红色壮士》仍在他的家乡江汉平原上演。

“在江汉平原，胡幼松的事迹家喻户晓，他壮烈牺牲的故事让许多人为之动容。”曾任胡幼松烈士纪念馆馆长、仙桃市陈场镇文化站站长、69 岁的唐敦新说。

胡幼松，湖北沔阳（今仙桃市）人，1898 年出身于一个富庶的商人家庭。在共产党员娄敏修的影响下，开始接受马列主义，走上革命道路。

1924 年 7 月，胡幼松加入中国共产党。1926 年初，他在沔阳建立了全县第一个农民协会，组织了农民自卫队。

1927 年 3 月到 6 月，他被党组织选派到武昌中央农民运动讲习所学习。在讲习所里，他听了毛泽东、恽代英、彭湃、方志敏、夏明翰、李立三等讲授的《共产党宣言》《中国社会各阶级的分析》《农民问题》《农村教育》《湖南农民运动考察报告》等课程，受到极大的教育和影响。

大革命失败后，胡幼松被任命为潜沔地区农运特派员，深入到拖船埠一带，发动农民群众，领导革命斗争。党的八七会议后，鄂中特委在沔阳成立，胡幼松被任命为沔西区委书记。

1927 年中秋之夜，他带领赤卫队参加了声势浩大的沔南戴家场暴动，接着又参加了沔城暴动和贺龙统一指挥的荆江两岸年关暴动。暴动中，火烧反动派的县政府，砸开牢门，营救出被捕的党的鄂中特委委员、沔阳县委书记娄敏修及革命群众数十人，震动了湘鄂地区，打击了反动势力的气焰。

1928 年 1 月，胡幼松领导创建了鄂中地区第一个红色政权沔西区苏维埃政府，当选为主席。1929 年 11 月，遵照中共鄂西特委决定，组建了中共潜江县委。胡幼松任书记。

随后，他指挥游击队利用河湖港汊，开展游击战争，巩固和发展革命根据地。1930 年 2 月，在红六军前委统一指挥下，胡幼松率领游击队配合红六军攻占了潜江县城。

同年 4 月 24 日，胡幼松率领游击队参加谢场乡苏维埃政府成立大会，因叛徒告密，遭反动民团包围突袭，落入敌手。

敌人对他酷刑拷打，逼迫他退出共产党，供出党组织活动情况及共产党员名单，遭到胡幼松严词拒绝。4 月 26 日，敌人搬来铡刀以死威逼。胡幼松面对铡刀，视死如归，大义凛然："要铡就铡吧！共产党员头可断，血可流，革命理想不可丢！"极其凶残的敌人铡断了他的双腿，又将他的双手钉在门板上，用铁丝穿着锁骨，用绳子绑住残腿，抬着游街示众。胡幼松几次从昏死中醒来，仍振奋精神，沿途唱着《国际歌》，高呼"中国共产党万岁！""革命一定成功！"的口号，英勇就义，年仅 32 岁。

何昆『奋战不顾身，忠党爱人民』

何昆，1898 年生，湖南永兴人。1930 年春，何昆参与创建中国工农红军第十四军，任军长兼第二支队支队长。同年 4 月 16 日，在如皋西南老户庄战斗中，何昆不幸中弹壮烈牺牲，时年 32 岁。

英烈语录

我在外面跑，是为了让穷苦人以后不再当牛做马呀！

——何昆

湘南雨季，湖南省永兴县金龟镇牛头村清代建筑群古韵十足。走进何氏公厅侧面的人行道，“何昆故居”四个大字映入眼帘。

“奋战不顾身，忠党爱人民；勇开光明路，青史育后昆。”这是战友刘瑞龙为何昆写下的诗句，精练概括了他为党和人民奋斗的一生。

何昆，1898 年生，湖南永兴人。幼时读过私塾，学过武艺。1925 年，入黄埔军校学习，在校期间加入中国共产党。1926 年中山舰事件后离校，先后到三水、武汉、广州等地进行革命活动。

1927 年 12 月，何昆参加广州起义，带领战士冲锋在前。起义失败后，在黄沙火车站被捕。他凭借习武基础，带领部分难友逃出关押场所，潜回永兴老家短暂停留。

当时正值朱德、陈毅领导发动湘南起义，永兴革命斗争风起云涌。何昆向广大群众宣传革命思想，帮助地方党组织训练工农武装。同时，动员妻子曹已花剪发、放足，为村里妇女做榜样。

在白色恐怖的严峻形势下，妻子抱着不满周岁的女儿，含泪劝何昆暂时躲避一下风声。他向妻子解释说：“我在外面跑，是为了让穷苦人以后不再当牛做马呀！”不久，他奉命到上海等地从事秘密革命工作。

1929 年冬，何昆调任中共江苏（南）通海（门）特委委员，参与领导改编当地游击队和整顿农民武装，指挥游击队先后取得卢家庄、四甲坝、四扬坝等战斗的胜利，有力推动了该地区游击战争的开展。

何昆在规范练兵的同时，向战士们灌输革命战士为人民的理念，提倡艰苦奋斗，动员战士向江西的红军学习，将每月津贴由六元减到三元。

1930 年春，何昆参与创建中国工农红军第十四军，任军长兼第二支队支队长。全军下辖两个支队，1300余人，是当时江苏境内唯一的一支中央序列红军。他率部活动于南通、海门、启东、如皋、泰兴等地，先后攻克敌人多个据点，粉碎敌人多次“进剿”，建立通海如泰根据地。

1930年4月16日，在如皋西南老户庄战斗中，何昆不幸中弹壮烈牺牲，时年32岁。

“何昆的一生，体现了他对党和革命事业的无限忠诚。为了革命他隐姓埋名，随时面临生死考验，并最终献出宝贵的生命。这种在信念面前不动摇、在困难面前不屈服、得失面前不彷徨的精神，值得后人弘扬传承。”长期研究何昆的永兴县史志办原主任王日明说。

何昆故居于2011年成为省级文物保护单位，2014年底完成修缮。

李鸣珂

隐蔽战线的英雄

李鸣珂，1899年出生于四川省南部县安坝乡（今河东镇）白云村龙王沱。1930年4月18日，在奉命即将赴洪湖区就任红6军军长前夕，李鸣珂亲自执行惩处叛徒易觉先的任务，在行动中不幸被捕。19日在重庆朝天门英勇就义，年仅31岁。

英烈语录

> 切莫为我空悲痛，愿对准我们的敌人猛攻！猛攻！
>
> ——李鸣珂

在四川省南部县城隔嘉陵江相望的火峰山上，万绿丛中一点红，矗立着一座红色石雕，那就是烈士李鸣珂的塑像。

李鸣珂，1899 年出生于南部县安坝乡（今河东镇）白云村龙王沱。1919 年考入四川省高等蚕业学校，参加进步学生运动。毕业后回南部县任实业所所长。他同进步青年一起组织青年义勇团，发动和组织群众同贪官污吏、土豪劣绅做斗争。1924 年参加川军。1925 年到广州入熊克武创办的建国联军军事学校学习，同年加入中国共产党，并转入黄埔军校第四期步兵科学习，参加中国青年军人联合会。1926 年秋毕业后任国民革命军第十一军二十四师教导大队中队长。

1927 年 5 月，李鸣珂参加粉碎夏斗寅叛乱的作战。同年 8 月参加南昌起义，任中共前敌委员会警卫营营长，担负警卫周恩来、叶挺等领导人的安全，保护文件档案，押运缴获的武器和现金，协助政治保卫处惩治反革命分子等任务。起义部队南下后随周恩来、贺龙等绕道香港到上海，在中共中央军事部和中央特科工作。他同黄云桥假扮成夫妻，以三洋经济川裕公司负责人的公开身份，机警地同敌人周旋，保卫中央机关的安全。

1927 年至 1928 年间，中共四川省委遭到严重破坏。为加强四川的领导，中共中央决定派李鸣珂到四川，任中共四川省委委员兼军委书记。

1928 年的夏天，李鸣珂抵达重庆，立即着手组织建立秘密工作交通网。他把妻子和兄妹从家乡接到重庆，组成党的交通联络站。同时，李鸣珂大力开展在川军中的兵运工作。先后发动和领导了川东起义、蓬溪起义和涪陵罗云坝起义，组建中国工农红军川东游击军第二路，李鸣珂任中共前委书记。

1930 年 4 月 18 日，在奉命即将赴洪湖区就任红六军军长前夕，李鸣珂亲自执行惩处叛徒易觉先的任务，在行动中不幸被捕。19 日在重庆朝天门英勇就义，年仅 31 岁。

李鸣珂留下的数封遗书感人至深。他要妻子“好好教育孩子，准备给我复仇……你今后唯有革命”；劝告同志们：“切莫为我空悲痛，愿对准我们的敌人猛攻！猛攻！”

如今，可以告慰李鸣珂烈士的是，曾经贫穷落后的家乡旧貌换新颜，老百姓的生活越过越好，河东镇成了南部县规划的科技工业园区，蒸蒸日上，日新月异。

欧阳洛

信仰坚定的工农运动先锋

欧阳洛，曾用名毛春芳，1900 年生，江西永新人。1924 年加入中国共产党。1930 年 2 月，欧阳洛担任湖北省委书记兼组织部部长。4 月 5 日，由于叛徒出卖被捕。英勇就义时年仅 30 岁。

英烈语录

大丈夫死就死，决不投降！

——欧阳洛

在江西省永新县芦溪乡南阜村的村口，三棵百年古樟树静静伫立，年少时的欧阳洛曾在这三棵樟树下学习和阅读进步书籍。

欧阳洛，曾用名毛春芳，1900 年生，江西永新人。1922 年考入南昌第一师范，经常阅读《向导》《红灯周刊》等进步书刊，积极参加由赵醒侬、方志敏等领导的反对江西军阀的斗争。1923 年加入社会主义青年团，1924 年加入中国共产党。

1925 年 1 月，受党组织派遣，欧阳洛到吉安从事党的工作，发展了 10 多名党员。同年 9 月，他来到永新开展革命工作，领导农民运动，壮大党的队伍。

1926 年 7 月，中共永新支部成立，欧阳洛担任支部书记，先后发展了贺子珍、贺敏学等一批党员，并组织农民协会和农民自卫军。北伐军进入永新后，他担任了新的政权机构——县行政委员会委员长和县农民协会委员长。欧阳洛领导广大农民打倒豪绅地主，进行减租减息斗争，同时开展移风易俗、改革社会陋习的教育，特别是雷厉风行地实行禁烟运动。在他的领导下，永新农民、工人、学生等各阶层各方面都被发动起来，工农运动进入空前高涨的时期。

1927 年 4 月，中共永新临时县委成立，欧阳洛担任书记。四一二反革命政变后，国民党右派分子、土豪劣绅与土匪勾结，纠合反动武装攻打永新县城，逮捕了一批共产党员和革命群众。他一面组织同志紧急转移，一面联络宁冈、安福、莲花三县农民武装，于 7 月分三路进攻永新县城，赶走反动派，营救出被捕的党员和群众。

7 月下旬，根据江西省委指示，欧阳洛参加了八一南昌起义。起义部队南下后，他历尽艰险抵达上海找到党组织，化名毛春芳，被派到沪东区领导开展工人运动，后任沪东区委书记。他深入工人群众中进行细致的宣传动员，发展党员和团员，组织罢工，维护工人权益。经过努力，沪东区的主要工厂都建立起党的组织，恢复了正常的工作。

1929 年 6 月，欧阳洛调任沪西区委书记，他积极开展各种斗争，使沪西区的工作有了新的起色。1929 年 9 月，党中央决定重组湖北省委，欧阳洛担任省委常委兼宣传部部长。

1930 年 2 月，欧阳洛担任湖北省委书记兼组织部部长。4 月 5 日，由于叛徒出卖被捕。在狱中他受尽各种酷刑，始终坚贞不屈。面对敌人的威逼利诱，欧阳洛大义凛然地回答："大丈夫死就死，决不投降！"英勇就义时年仅 30 岁。

如今，在永新县革命烈士纪念馆的门口，矗立着欧阳洛烈士的铜像，馆内陈列着他的部分遗物和生平事迹介绍资料。每当清明节、烈士纪念日，当地中小学生都会在这里举行追思和纪念活动，向欧阳洛的铜像敬献花篮，缅怀这位为国捐躯的革命先烈。

"欧阳洛是一名有着坚定革命信仰的战士，他为了革命事业献出了宝贵的生命。这种精神将一直激励着后人不忘初心、砥砺前行。"永新县革命烈士纪念馆馆长贺新平说。

刘愿庵

『此身纯为被压迫者牺牲』

刘愿庵，1895 年生，字坚予，陕西咸阳人。1929 年中共四川省委正式成立后，刘愿庵任省委书记。1930 年 5 月 5 日，由于叛徒出卖，刘愿庵在重庆被捕。1930 年 5 月 7 日，刘愿庵英勇就义，时年 35 岁。

英烈语录

信仰不同，不可能同路。共产党追求的是真理，共产主义是历史的必然趋势。这不是什么歧途，而是一条光明之路！

——刘愿庵

“我现在准备踏着先烈们的血迹去就义。我已经尽了我的一切努力，贡献给了我的阶级，贡献给了我的党。”这是革命烈士刘愿庵被捕后写给妻子的遗书中的一段话。

刘愿庵，1895 年生，字坚予，陕西咸阳人。1908 年随父移居南昌，入大同中学读书。1911 年辛亥革命爆发后弃学奔赴南京，拥护孙中山。参加学生军，声讨袁世凯，后一度在川军任职。1923 年初，他参加了共产党人恽代英在成都组织的“学行励进会”，发行《励进周刊》，传播革命思想。后又建立“蓉社”，发展社员 20 多人，恽代英负主要责任，刘愿庵作具体指导。

1925 年上海五卅惨案发生后，刘愿庵被推举为在宜宾成立的“叙州五卅惨案后援会”的负责人之一，领导群众开展反帝爱国斗争，不久加入中国共产党。同年冬，四川部分共产党员在重庆中法大学秘密召开会议，正式成立中国共产党重庆地方执行委员会，刘愿庵任执行委员会委员兼成都特别支部书记。在成都，他以办报为社会职业，后任四川省参议会秘书。

1926年冬，刘愿庵在川军中开展军运工作，配合刘伯承等领导的泸（州）顺（庆）起义。他在陈书农部任师政治部中校宣传科长，兼任军官教育团政治教官。

大革命失败后，刘愿庵领导成都党的地下组织同国民党反动派进行了坚决斗争。1927 年 9 月起先后任中共四川临时省委秘书长和省委宣传部主任、宣传委员会书记。1928 年 4 月任中共四川临时省委代书记。同年 6 月，赴莫斯科出席党的六大，当选为中共第六届中央候补委员。六大后，刘愿庵领导了四川省委的重建工作。

1929 年 2 月，在成都召开临时省委扩大会议，刘愿庵传达党的六大精神，会议正式选举刘愿庵任中共四川临时省委书记。1929 年 4 月，他发动和领导了万源固军坝起义，在川东地区树起了一面武装斗争的旗帜。同年 6 月，领导了邝继勋、罗世文等发动川军第二十八军第七混成旅的遂（宁）蓬（溪）起义，成立了中国共产党四川工农红军第一路总指挥部。中共四川省委正式成立后，刘愿庵任省委书记。

1930 年 5 月 5 日，由于叛徒出卖，刘愿庵在重庆被捕。军阀刘湘早知刘愿庵的才华和他在我党中的地位，妄图收买他，以“院长”“厅长”等高位和每月薪俸二百元大洋为诱饵，要他脱离革命，退出共产党。刘愿庵坚决拒绝了反动军阀当局的劝降利诱和死亡威胁，保持了共产党人的崇高气节。他针对反动派的诱降说：“信仰不同，不可能同路。共产党追求的是真理，共产主义是历史的必然趋势。这不是什么歧途，而是一条光明之路！”

5 月 6 日，在敌人的军事法庭上，刘愿庵神态自若，把法庭当讲台，宣传党的主张及共产主义真理。当敌人的军法官询问他的姓名和职业时，刘愿庵昂首挺胸，理直气壮地答道：“全世界无产阶级的斗士、中国共产党党员、四川省委书记刘愿庵。”在拒绝敌人的劝降和进行法庭上的斗争后，刘愿庵深知敌人将会置自己于死地。临刑前一天，他给爱人和姐夫写了遗书，在最后不忘鼓舞妻子：“不要伤痛，努力工作，我在地下有灵，时刻是望着中国革命成功，而你是这中间一个努力工作的战斗员！”

1930 年 5 月 7 日，刘愿庵高呼着“中国共产党万岁”“共产主义万岁”的口号，英勇就义，时年 35 岁。

刘平楷
为共产主义奋斗到底的『乌蒙骄子』

刘平楷，字履端，曾用名刘少猷等，1902年10月出生于云南省彝良县角奎镇（今彝良县城）。于1930年春担任中共云南省委常委、组织部部长，并在省委书记赴滇南工作期间，负责省委的日常工作。1930年5月5日，刘平楷不幸被捕，7月26日英勇就义，年仅28岁。

英烈语录

为党的事业和人民的解放而死，我心甘情愿。

——刘平楷

仲夏时节，滇东北雨水丰沛。在山高路陡、云雾缭绕的乌蒙山区辗转数百公里后，就到了革命先驱刘平楷的出生地彝良县。该县是著名的革命老区，川滇黔边区红军游击纵队曾在此建立革命根据地。

走在依山傍水的彝良县城，提起“刘平楷”这个名字，很多老百姓都说：“这位大英雄是乌蒙山区人民的骄傲！”

刘平楷，字履端，曾用名刘少猷等，1902 年 10 月出生于云南省彝良县角奎镇（今彝良县城）。刘平楷天资聪慧，7 岁进私塾读书，1917 年到昆明省立一中求学，由于思想活跃，接受新事物快，是省立一中受到马克思主义思想影响较早的学生。

1919 年，五四运动的风暴席卷全国，刘平楷在昆明参加了“云南学生爱国会”，在学生运动中打头阵，声援北京学生爱国民主运动。

1922 年 5 月，刘平楷离家赴京求学。在李大钊、邓中夏等革命先驱的引导下，他努力学习马克思主义理论，积极投入反帝爱国斗争，1923 年加入中国共产党。随后，受党组织派遣，参加京汉铁路工人大罢工，到长辛店协助邓中夏做宣传工作。1924 年秋，刘平楷受中共北方委员会和李大钊的派遣，赴河南信阳从事工人运动和党的工作，先后担任中共信阳地方执行委员会书记、中共豫陕区执行委员会常委。

1927 年大革命失败，在白色恐怖笼罩的严峻时刻，刘平楷被任命为中共南京地委书记。他置生死于度外，与敌人进行了坚决的斗争，后调任上海沪东区委书记、闸北区委书记。

1928 年 5 月，中共中央决定由刘平楷担任中共湖北临时省委书记，以恢复遭敌破坏的湖北党组织。他在形势非常险恶的情况下采取了一系列果断措施，避免了党组织遭受更大的损失并逐步恢复。1928 年底，刘平楷受中央委派，以特派员的身份与谢觉哉前往东北。中共满洲临时省委建立后，刘平楷担任省委书记兼军委书记，不久又担任了中共第四届满洲省委常委、代理省委书记。

1929 年秋，刘平楷根据工作需要回到云南，于 1930 年春担任中共云南省委常委、组织部部长，并在省委书记赴滇南工作期间，负责省委的日常工作。在云南，刘平楷呕心沥血，抱病工作，还千方百计筹措经费。

1930 年 5 月 5 日，在敌人的大搜捕中，刘平楷为了保护省委的机密文件并安排有关同志转移，不幸被捕。在狱中，敌人对他先施以高官厚禄的引诱，被他严词拒绝。敌人又对他严刑拷打和刑讯逼供，他坚贞不屈，严守党的秘密。面对敌人“你要顽固到底，就难免一死，谁也保不了你！”的威胁，刘平楷斩钉截铁地说：“大丈夫不怕死，为何以死惧之！成全我一个烈士的美名，不也好吗！”

刘平楷把监狱当作新的战场，他在狱中鼓励难友们要保持革命气节，不要被敌人淫威所吓倒，他还给大家讲授马克思主义理论和革命斗争经验。他在狱中给妻子写信说：“为党的事业和人民的解放而死，我心甘情愿。”并勉励妻子“对共产主义要有坚定不移的信念，要为之奋斗到底”。

陈毅安

『生为人民生的伟大，死于革命死得光荣！』

陈毅安，1905 年 1 月 12 日出生于湖南省湘阴县金龙镇神塘湾。1930 年 6 月，陈毅安奉命任红八军第一纵队队长，兼任攻打长沙战役的前敌总指挥。长沙被占领后，敌人进行反攻，为了掩护红军撤退，陈毅安于 1930 年 8 月 7 日拂晓不幸中弹牺牲，时年 25 岁。

英烈语录

军团信任我们，再硬的骨头也要啃！

——陈毅安

盛夏时节，湖南省岳阳市湘阴县金龙镇绿树成荫，生机勃勃。陈毅安烈士纪念馆就坐落于这个镇上，一栋砖木结构、两房一厢一角的平房，屋面青瓦盖顶，地面青砖铺就，墙面窑砖粉白。

照片中的陈毅安戴着一副眼镜，斯文儒雅，俊朗清秀。湘阴县史志办副主任周小虎告诉记者："光看照片，许多前来瞻仰的游客说陈毅安更像一名教书先生，其实他是智勇双全的一线指挥员，骁勇能战，革命信念坚定，为革命献出了自己年轻的生命。"

陈毅安，1905 年 1 月 12 日出生于湖南省湘阴县金龙镇神塘湾。1920 年考入湖南省立第一甲种工业学校，1922 年加入中国社会主义青年团，后经毛泽东推荐于 1924 年加入中国共产党。他积极从事学生、工人运动，如抵制日货、到汉阳兵工厂组织工人罢工及阻拦帝国主义国家的船只停靠长沙码头等。

1925 年底至 1926 年 10 月，陈毅安受党组织派遣入黄埔军校第四期深造。1926 年 10 月至 1927 年 9 月，先后任国民革命军教导师第三团第三营第七连连长兼党代表、国民革命军第二方面军总指挥部警卫团辎重队队长兼供给部主任，参加北伐。

1927 年陈毅安参加了秋收起义，后随部队到井冈山，任工农革命军第一师一团连长、营长，参加创建井冈山革命根据地的斗争。1928 年 8 月，红军主力离开井冈山去湘南，井冈山大本营留守兵力只有三十二团，湘赣敌军乘虚"会剿"。8 月 27 日，陈毅安接到急报，带上两个连昼夜急行，次日下午赶到黄洋界。在黄洋界，陈毅安指挥部队击溃敌军 3 次进攻，取得了黄洋界保卫战的胜利，书写了以两个连击退敌人四个团的辉煌篇章。

1929 年 1 月在井冈山受伤后，陈毅安回湘阴老家疗养并与妻子李志强完婚。1930 年 6 月，陈毅安告别妻子，奉命任红八军第一纵队队长，兼任攻打长沙战役的前敌总指挥，协助彭德怀占领长沙全城。其间，陈毅安率红一纵队奉命打头阵，面临险重任务，他以坚毅的语气说："军团信任我们，再硬的骨头也要啃！"长沙被占领后，敌人进行反攻，为了掩护红军撤退，陈毅安于 1930 年 8 月 7 日拂晓不幸中弹牺牲，时年 25 岁。

新中国成立后，毛泽东主席核批了一批著名的革命烈士，陈毅安位列第九。1958 年，彭德怀亲笔为陈毅安题词："生为人民生的伟大，死于革命死得光荣！"

为了纪念陈毅安烈士，湘阴县委、县政府对位于湘阴县金龙镇的烈士故居进行了保护，并在陈毅安故居的基础上建设陈毅安烈士纪念馆。2011 年，湘阴县委、县政府为大力弘扬陈毅安烈士的丰功伟绩，又在湘阴县烈士公园内新建陈毅安烈士纪念馆，并在纪念馆西侧新建陈毅安烈士纪念塔，总占地面积 2300 平方米，建筑面积 980 平方米。周小虎介绍，纪念馆从多方面展示了陈毅安烈士英勇壮烈的一生，供后人缅怀和学习。

赫光

华北第一个人民政权的创建者之一

赫光，原名万锡绂，字季玺，1902年2月出生在甘肃固原县杨郎镇万家堡子村（今宁夏固原市原州区头营镇杨郎村）。1925年加入中国共产党。1931年8月11日，赫光在前去改编“投降”的敌军时，遭顽敌包围。赫光与敌人英勇搏斗，最后寡不敌众，牺牲时年仅29岁。

英烈语录

我辈要勤奋学习，平世界之穷富，以天下为己任。

——赫光

2018 年清明节，在宁夏回族自治区固原市原州区头营镇的杨郎农民广场，2000 余名中小学生庄严肃穆地在革命烈士赫光塑像前献花、默哀。这样的纪念活动，在赫光的家乡每年都会举行。

赫光，原名万锡绂，字季玺，1902 年 2 月出生在甘肃固原县杨郎镇万家堡子村（今宁夏固原市原州区头营镇杨郎村）。赫光 8 岁入私塾读书，16 岁考入平凉陇东公立中学堂，1922 年考入北洋军阀举办的洛阳讲武堂学习军事，开始接触到无产阶级思想。毕业后，赫光在北洋军队中担任过连长、营长，后因不满军阀混战之黑暗，战场脱险后，愤而离开军队回乡。

赫光在进步思想的影响下，对家乡民不聊生的社会状况痛心疾首，毅然离乡赶赴陕西参加革命，1925 年加入中国共产党。1926 年冬，赫光被中共豫陕特委派到安徽阜阳国民党四十七军高桂滋部，从事兵运工作。1927 年，在革命遭受挫折的血雨腥风的岁月里，赫光不顾个人安危，仍坚持利用在敌军部任职的隐蔽条件，沉着机警地在敌营发展了一批共产党员。

1931 年高部到山西平定驻防时，他已在军中发展共产党员 50 多名。此时，中共山西特委根据中共北方局顺直省委决定，命令赫光迅速组织实施兵变，将高桂滋部三个团拉出来，在五台山一带建立革命政权，组建中国工农红军第二十四军。1931 年 7 月 4 日午夜，“平定兵变”爆发，按照预定方案进行。经与敌军进行短兵相接的激烈战斗，起义部队共有 1100 余人冲出包围。部队集结后，谷雄一宣布中央决定：经党中央批准，中国工农红军第二十四军正式成立，任命赫光为军长，窦宗融为副军长，谷雄一为政治委员。

随后，部队打起绣有“中国工农红军第二十四军”字样的红旗，向五台山地区挺进。沿途红军击溃敌保安团阻挠，顺利到达河北阜平，受到老百姓热烈欢迎。到达阜平次日，红军就释放了囚禁在县城的“政治犯”，第三天在阜平召开了群众分粮大会，给当地百姓放粮三万余石。

经过释“囚”、放粮义举和宣传动员活动，当地群众对红军有了良好的印象。赫光与其他同志一起酝酿，决定建立阜平县革命政权。7 月 26 日，中华苏维埃阜平县政府成立大会召开，郑重宣布阜平县苏维埃政府成立。

红二十四军的创立和阜平苏维埃政权的诞生，震动了整个华北，极大地鼓舞了受压迫劳苦群众的革命信心，使国民党反动派惊恐不已，必欲除之而后快。8 月，国民党军石友三部第二十七旅采取阴谋诈降的手段，诱骗红军前来受降。

8 月 11 日，赫光在前去改编“投降”的敌军时，遭荷枪实弹的顽敌包围。但他仍临危不惧，义正词严地继续给敌官兵做工作，声色俱厉地怒斥敌顽固分子。随后，身材魁梧的赫光与敌人英勇搏斗，最后寡不敌众，不幸倒在了血泊之中，牺牲时年仅 29 岁。

如今，赫光的家乡固原市已经发生了翻天覆地的变化。

因为红二十四军这段红色记忆，赫光的家乡固原市头营镇和他当年的起义地山西省盂县路家村镇于 2017 年缔结为友好乡镇，双方互学互助，共同发展。头营镇杨郎村村支书曹辉说：“去年我应邀去赫光起义地考察学习，与路家村达成互帮互助协议，今年七八月份，路家村的干部将来杨郎村商定帮扶具体项目。”

胡少海
义无反顾的红军名将

胡少海，1898 年生，湖南宜章人，中国工农红军高级指挥员。1930 年 6 月胡少海在闽西任红二十一军军长，率部在龙岩东北地区肃清反动武装和土匪，巩固了苏维埃政权。8 月在漳平永福圩侦察敌情时不幸壮烈牺牲，时年 32 岁。

英烈语录

世道既是不公平，我老五就要跟着共产党去扫平！你们回去告诉父亲，我是革命的人，这个家，我是不会要了！

——胡少海

穿过热闹非凡的湖南省宜章县星火广场，一座清代风格的院落出现在眼前，这就是宜章年关暴动指挥部旧址。在指挥部旧址附近的纪念馆进门处，朱德、陈毅、王尔琢、胡少海全身雕塑栩栩如生。宜章县史志办原主任吴绪斌介绍，1928年1月，朱德、陈毅率领南昌起义军余部2000多人，从粤北转至湘南宜章县境。为减少伤亡，确保暴动成功，朱德、陈毅制定了智取宜章县城计划，而胡少海为此起到了关键性作用。

胡少海，1898年生，湖南宜章人，中国工农红军高级指挥员。早年考入广东乐昌中学读书，接受进步思想，对其父兄勒索百姓、欺压外族的行径十分愤慨，毅然离开地主家庭，弃学从军。1921年入嘉禾民军，后升至连长。1923年所在部队被编为广州陆海军大元帅府直辖独立旅，任营长，参加了南征邓本殷、东征陈炯明的战役。1926年任国民革命军第六军营长、团长，参加了北伐战争攻克武昌等战役战斗。

1927年大革命失败后，胡少海联络一批湘南籍士兵潜入湘粤边界活动，与共产党员高静山等人取得联系，使队伍成为党领导下的一支红色武装力量。1928年1月，得知朱德、陈毅率领南昌起义的队伍转战到粤北，立即赴乳源杨家寨子与朱、陈会面，共同商议了暴动计划。随即受朱德派遣，以国民革命军第十六军四十七师一四零团副团长名义，率两个连开进宜章县城，取得了智取宜章的胜利。在此期间，他加入中国共产党。起义后任工农革命军第一师三团团长、第三师师长。胡少海指挥所部取得长冈岭、大黄家村等战斗的胜利。同年5月随朱德、陈毅到井冈山后，任中国工农红军第四军第二十九团团长、中共湘赣边界特委委员，参加了开辟井冈山革命根据地的斗争。1929 年随红四军出击赣南、闽西，任第二纵队纵队长（也称司令员）、四纵队纵队长，参加了大柏地、长汀和三战龙岩等战斗。同年 12 月参加了古田会议。

1930 年 6 月胡少海在闽西任红二十一军军长，率部在龙岩东北地区肃清反动武装和土匪，巩固了苏维埃政权。8 月在漳平永福圩侦察敌情时不幸壮烈牺牲，时年 32 岁。

2018 年 3 月，为纪念湘南起义爆发 90 周年、传承红色基因，宜章县编纂出版了《红军名将胡少海》一书，用长篇传记文学形式，展现了红军将领胡少海坚定的无产阶级革命者的一生。

罗学瓒
活跃的农民运动领导人

罗学瓒，1893 年 12 月出生在湖南湘潭。1929 年被派往杭州，参加中共浙江省委的领导工作，先后任省委宣传部部长、省委书记。不久被敌人逮捕。1930 年 8 月 27 日凌晨，罗学瓒被秘密杀害。

英烈语录

死，有什么可怕，革命者只要死得其所。大家不要难过，继续努力，为共产主义革命奋斗到底！

——罗学瓒

“高瞻远瞩天下小，出生入死一边站。”在罗学瓒的故乡湖南湘潭，流传着这样两句诗，歌颂的是毛泽东的同窗挚友、早期农民运动领导人罗学瓒。

罗学瓒，1893 年 12 月出生在湖南湘潭。1912 年他考入湖南省立第四师范学校，后该校并入湖南省立第一师范学校，与毛泽东成为同班同学。1918 年 4 月加入新民学会，并成为骨干。

1919 年，罗学瓒赴法国勤工俭学，和李维汉等组织了“工学励进会”，学习马克思主义。因参加革命活动，1921 年 10 月被法国政府强行遣送回国，同年底回到上海后，加入中国共产党。

1922 年秋，罗学瓒回长沙，先后在人力车夫工会、湖南省工团联合会从事工人运动。1923 年任湖南外交后援会文书主任、青年救国团主席，积极参加反帝爱国运动。在此期间，还在毛泽东创办的自修大学附设的补习学校以及湘江中学任教。中共湘区委员会改为湖南区委后任区委宣传部长，并以省特派员的身份视察、指导农民运动。

1925 年，罗学瓒任中共湖南省醴陵县委书记。他发展党团员，在各区建立党支部，开展同国民党左派的统一战线工作。1927 年春，毛泽东到醴陵考察农民运动，罗学瓒陪同毛泽东对全县各地农民运动进行了实地考察。

大革命失败后，罗学瓒坚持斗争，受中央委派，与夏明翰共同负责湖南省委组织部的工作。1927 年 9 月任中共湖南省委委员兼湘潭工委书记。1928 年 5 月被调到上海工作，后被派往山东做党的工作并在山东齐鲁大学任教。1929 年被派往杭州，参加中共浙江省委的领导工作，先后任省委宣传部部长、省委书记。不久被敌人逮捕，在狱中他坚强不屈，同敌人进行了坚决的斗争。1930 年 8 月 27 日凌晨，罗学瓒被秘密杀害。

湘潭市地方史志研究学者何歌劲说：“罗学瓒同志是活跃的农民运动领导人，他与工农大众始终保持密切的联系。他被捕后，在狱中坚强不屈，与敌人顽强斗争，表现出了视死如归的高贵品格，体现了他对党和革命事业的忠诚。”

陈文杰

红十三军中的『赤脚大仙』

陈文杰，原名柴水香，1903年出生在宁波市区一户贫苦劳动人民家庭。1926年加入中国共产党，曾任中国工农红军第十三军政治部主任。由于叛徒出卖，1930年9月18日，陈文杰不幸被捕，9月21日英勇就义，年仅27岁。

英烈语录

杀了我陈文杰一个人不要紧，会有人替我报仇的……

——陈文杰

在江西南昌八一起义纪念馆里，有一面刻着起义参加者名录的“英雄墙”。当年两万余人参加起义，有800多人的姓名被记录，柴水香就是其中之一。

柴水香是浙江宁波人，曾任中国工农红军第十三军政治部主任，而他还有一个更为人熟知的名字——陈文杰。

陈文杰，原名柴水香，1903年出生在宁波市区一户贫苦劳动人民家庭。他原是宁波一家绸厂的工人，因积极参加反帝爱国运动，于1926年加入中国共产党。

1927年大革命失败后，陈文杰来到武汉，7月入贺龙部第二十军三师教导团学兵队当兵，随部参加南昌起义。后随起义军南下广东。9月起义军在潮（安）汕（头）地区作战失利，他回到宁波，任中共宁波市委书记，继续领导工人运动。

根据党的八七会议确定的实行土地革命和武装起义的方针，中共浙江省委制定了《浙东暴动计划》。1927年11月，由于叛徒告密，计划泄露，国民党随即在浙东各地大肆搜捕共产党人。陈文杰坚守岗位，组织其他同志转移、撤退，而自己则被国民党当局逮捕。

经各方努力营救，陈文杰于1929年上半年被保释出狱。同年夏天，党中央为加强对浙南农民武装斗争的领导，派他到浙南工作。

1930年5月，陈文杰来到浙江楠溪，与胡公冕、金贯真一起组建中国工农红军第十三军，任政治部主任，6月任中共浙南特委军事委员。

当时，红十三军的生活十分艰苦，常常急行军。陈文杰经常把自己的草鞋送给有需要的战士，自己却赤着脚行走在烈日暴晒的山路上，脚底烫起了泡也不以为意。为此，战士们亲切地称他为“赤脚大仙”。

在陈文杰担任政治部主任期间，红十三军政治工作搞得有声有色，部队日益壮大。

陈文杰日夜为部队操劳，终因劳累过度病倒，被送到永嘉养病。由于叛徒出卖，1930 年 9 月 18 日，陈文杰不幸被捕。敌人企图从陈文杰口中得到红十三军的机密，对他软硬兼施，威逼利诱。但陈文杰视死如归，坚不吐实。敌人恼羞成怒，于 9 月 21 日对他下了毒手。

在前往刑场的路上，陈文杰高声向群众宣传：“杀了我陈文杰一个人不要紧，会有人替我报仇的……”他从容不迫，高呼口号，英勇就义，年仅 27 岁。

如今，陈文杰曾日夜奋斗过的红十三军军部旧址，已经成为红军历史纪念馆。不论岁月怎样流逝，陈文杰和他曾领导的红十三军的光辉业绩和革命精神都将永存于人民心中。

廖乾五

文武双全、坚贞不屈

廖乾五，1886 年出生在陕西平利的八仙镇，是中国共产党早期优秀的政治军事干部。1930 年夏，廖乾五任中共湖南省委军委书记，负责兵运工作，任职不久就被国民党湖南当局秘密逮捕。同年 9 月 3 日他被秘密杀害于长沙，时年 44 岁。

八仙镇龙门街，位于陕西境内的大巴山深处的平利县。百年前，这里走出了一位中国共产党早期优秀的政治军事干部廖乾五。

廖乾五，1886 年出生在陕西平利的八仙镇，历任“建国陆海军大元帅府铁甲车队”党代表，国民革命军第四军政治部主任、党代表，中共湖南省军委书记等，为建立巩固广东革命根据地，为北伐战争和南昌起义的胜利做出了重大贡献，是无产阶级革命家、军事家，中国共产党早期优秀党员，人民军队创建初期的高级政治工作干部。

1911 年，廖乾五在二哥、同盟会会员廖定三的资助下，在京师农业学堂完成学业，后在北京农事试验场工作。1920 年在同盟会会员湖北省军政府交通部长熊晋槐家当家庭教师。五四运动使廖乾五的政治生活发生了重大转折。1921 年 8 月，廖乾五经早期共产党人包惠僧、李汉俊介绍，同施洋等人参加武汉马克思学说研究会，1922 年加入中国共产党。

廖乾五早年曾参加反对袁世凯复辟帝制和反对以段祺瑞为首的北洋政府的斗争。1923 年参与领导京汉铁路工人“二七”大罢工。1924 年初，他作为汉口特别区共产党代表，出席中国国民党第一次全国代表大会，后任中共汉口地委委员。同年 11 月，廖乾五在广州参与组建“建国陆海军大元帅府铁甲车队”，任该队国民党党代表、共产党小组长。他在中共两广区委负责人陈延年、周恩来的直接领导下，在铁甲车队中建立共产党的组织和革命的政治工作制度，对全队官兵进行严格的军事、政治训练，充分发挥党小组的战斗堡垒作用，使铁甲车队成为我党最早掌握的一支正规革命武装。这期间，他曾与队长徐成章等率部进行支援广宁农民运动的作战，参加平定军阀杨希闵、刘震寰叛乱和省港大罢工中封锁香港的沙鱼涌战斗。

1925 年 10 月，以铁甲车队为基础，国民革命军第十二师三十四团（北伐前夕改称第四军独立团）成立，廖乾五升任第十二师政治部主任，1926 年任第四军党代表兼政治部代主任、主任。他率部参加了北伐战争，转战湘、鄂、赣、豫诸省，参与指挥攻占平江、汀泗桥、贺胜桥、武昌、马回岭、九江等战斗。第四军在北伐战争中征程万里，能攻善战，所向披靡，享有“铁军”的称号，这与廖乾五领导的政治工作是密不可分的。他十分重视发挥党员的骨干作用，注重部队的思想政治教育，注意发动和组织民众。时任中共中央军委书记的周恩来曾这样评价他：北伐军的许多政治部中，以四军政治部成绩最好。

1927 年，蒋介石发动四一二反革命政变，4 月 15 日，廖乾五所在的国民党第四军各级党部执监委员会议召开，一致决议讨伐蒋介石。5 月，张发奎、廖乾五率队，以伤亡一万余人的巨大代价，经过上蔡、临颍战役，击溃奉军在河南的主力，为东出潼关的冯玉祥部占领郑州、开封铺平了道路。

1927 年 7 月下旬，廖乾五奉命赴九江参加武装起义准备工作，不久参加南昌起义，协助叶挺指挥部队行动，起义后任革命委员会总政治部秘书长、宣传委员会委员、第二十军党代表。南下途中和周逸群共同介绍第二十军军长贺龙加入中国共产党。同年 10 月经香港到上海，在中共中央军事部工作。

1930 年夏，廖乾五任中共湖南省委军委书记，负责兵运工作，任职不久就被国民党湖南当局秘密逮捕。他坚贞不屈，绝口不谈党的任何机密。敌人惧于他的威望和声誉，不敢公开审讯。同年 9 月 3 日他被秘密杀害于长沙，时年 44 岁。

廖乾五牺牲时未留下任何后代，他的一生，文能提笔安天下，武能上马定乾坤。1997 年，中共中央办公厅、国务院办公厅批准，在平利县中学塑建廖乾五纪念像。在陕西省平利县烈士陵园，也矗立着一座廖乾五的雕像，昭彰着他的丰功伟绩，供后人瞻仰和缅怀，纪念他为中国革命做出的伟大贡献。

俞作豫

凛然大义、热血长歌

俞作豫，1901 年生，广西北流人。1927 年 10 月，他在香港加入中国共产党。1930 年 8 月 18 日，因叛徒出卖，俞作豫在深圳被国民党特务逮捕，押至广州。同年 9 月 6 日，俞作豫在广州黄花岗英勇就义。

英烈语录

> 十载英名宜自慰，一腔热血岂徒流。
>
> ——俞作豫

位于广西北流市城东北的俞作豫纪念馆，自 1985 年建成以来，一直不间断有来自祖国各地的干部群众前来瞻仰。

“十载英名宜自慰，一腔热血岂徒流”，这是年仅 29 岁的共产党员俞作豫在凶残的敌人面前留下的绝笔诗。为了保守党的秘密，俞作豫慷慨赴死，英年早逝，但他的光辉事迹就像一座永远的丰碑，至今仍在不断影响着后人。

俞作豫，1901 年生，广西北流人。1918 年，他进入护法军桂系军队，并参加了孙中山领导的讨伐军阀的战争。1926 年 7 月，随国民革命军第七军参加北伐战争，任团长。1927 年四一二反革命政变后，俞作豫不满国民党新军阀的倒行逆施，愤然脱离旧军队，先后到上海、广州寻找共产党。同年 10 月，他在香港加入中国共产党，随后参加了党领导的广州起义。

广州起义失败后，俞作豫按党中央指示，在白色恐怖极其严重的形势下，回到家乡广西北流坚持斗争，先后担任中共北流县委委员、县委书记，陆续恢复了北流、玉林、博白、陆川等县党的组织和农民自卫军。其间，他利用自己和广西省主席俞作柏是兄弟，和广西编遣特派员李明瑞是表兄弟的特殊关系，在军队和地方政府中任用共产党员，发展党的组织，掌握了部分武装的领导权。

不久，党中央派遣邓小平以及张云逸等来到广西，组织力量准备武装起义。邓小平化名邓斌，以省政府秘书的公开身份掩护活动，与俞作柏、李明瑞建立了密切的合作关系，通过各种关系和途径，将共产党员派进军事系统任职，以争取兵权。

当时张云逸担任警备第四大队队长，俞作豫担任警备第五大队队长，这两个大队共有六个营2000余人。根据邓小平的建议，俞作柏、李明瑞开办训练初级军官的教导总队，由张云逸兼任总队长，学员共达1000多人，九个连的干部几乎全是共产党员。党组织逐步掌握了军队领导权，为实行武装起义准备了骨干队伍。同时，在邓小平领导下，以公开和半公开的方式，恢复和发展各地党组织，开展农民运动，建立农民武装。

1929年12月和1930年2月，在邓小平、张云逸、韦拔群、李明瑞、俞作豫等领导下，分别举行了百色起义和龙州起义，建立了红七军、红八军和左右江革命根据地。邓小平任中共前敌委员会书记兼红七、红八军政治委员，李明瑞任红七、八军总指挥，张云逸任红七军军长，俞作豫任红八军军长。

百色、龙州起义和左右江革命根据地的建立，给国民党新军阀和帝国主义势力以沉重打击。1930年3月，敌人纠集大批军队围攻左右江革命根据地。俞作豫率领红八军浴血奋战，终因寡不敌众，弹尽粮绝，突围中遭敌人围追堵截，俞作豫在当地群众掩护下脱险，辗转到香港寻找党组织。

1930年8月18日，因叛徒出卖，俞作豫在深圳被国民党特务逮捕，押至广州。敌人对俞作豫软硬兼施，妄图从他口中得到我党组织和红军的情况。面对凶残的敌人，俞作豫坚贞不屈，大义凛然，表现了共产党员视死如归的大无畏精神："我就是你们要抓的红八军军长、共产党员俞作豫！"

1930年9月6日，俞作豫高呼着"打倒国民党反动派！""中国共产党万岁！""红军万岁！"的口号，在广州黄花岗英勇就义。

莫那·鲁道
台湾少数民族抗日英雄

莫那·鲁道，1882 年生于台湾南投大山里的雾社部落，是受到敬重的部落首领。由于不堪日本侵略者的压榨和凌辱，莫那·鲁道带领雾社族人，联合其他多个部落，于 1930 年 10 月 27 日发动起义。莫那·鲁道率起义同胞顽强抵抗 36 天，最终英勇不屈，在山洞内饮弹自尽。

在台湾南投县仁爱乡的雾社事件纪念公园里，静静矗立着一尊高大魁梧的人物石雕，为的是纪念台湾少数民族抗日英雄莫那·鲁道。

甲午战争后，日本侵占台湾 50 年，宝岛各族同胞自发组织起来，在敌我力量悬殊的情况下顽强斗争，起义烽火连绵不息，涌现出许多可歌可泣的民族英烈，莫那·鲁道就是其中的杰出代表。

莫那·鲁道，1882 年生于台湾南投大山里的雾社部落。这里位于台湾岛中心位置，到处是深峻的溪谷和起伏的山峦，森林茂密，物产丰富，莫那·鲁道和族人世居于此。他强健魁梧、胆识过人、公道正派，是受到敬重的部落首领。

日本侵略者对台湾少数民族同胞采取“理番”政策，进行了长达数十年的屠杀征讨，将他们驱赶圈禁，与汉族同胞隔绝，派驻日本警察对他们施行监管统治，收缴武器，掠夺资源，剥削劳动。

1929 年前后，日本殖民当局在雾社等地大肆掠夺森林和矿藏等资源，强迫少数民族同胞从事非人的劳动。由于不堪压榨和凌辱，莫那·鲁道带领雾社族人，联合马赫坡、波瓦仑、斯固等多个部落，于 1930 年 10 月 27 日，利用殖民当局搞“神社祭日”、举办运动会的时机发动起义。他们袭击日本警察派出所 13 处，杀死日本人 134 名，伤 26 名，夺取枪支 180 支、弹药 23000 发，破坏电线和通信设施，引起巨大震动，史称“雾社起义”。

起义爆发后，日本殖民当局出动军警 1400 多人，动用飞机大炮，甚至使用化学毒气残酷镇压。面对来势汹汹的敌人，莫那·鲁道率起义同胞凭借山林险隘顽强抵抗 36 天。最后一批起义者烧毁自己的家园后，在马赫坡社后山岩窟集体自杀。莫那·鲁道英勇不屈，在山洞内饮弹自尽。据统计，起义者共有 343 人战死，包括莫那·鲁道本人在内有 296 人自杀身亡。1934 年莫那·鲁道的遗骸被发现后，日本殖民当局残忍地将其曝晒，后运到当时的“台北帝国大学”当作研究标本。

台湾少数民族民意代表高金素梅说，1895 年日本侵略者占领台湾后，对台湾少数民族同胞发动了 138 次“剿番战役”，并以“番童特别教育”对台湾少数民族下一代实施洗脑驯化。

“莫那·鲁道领导的雾社起义证明，反殖民斗争绝不因殖民者的强制驯化而停止消失。”高金素梅说。

雾社起义给日本殖民统治以沉重打击，有力鼓舞了两岸同胞的抗日斗志。中国共产党领导下的进步力量通过组织集会、发表文告等方式，对起义进行了声援。“七七”事变后，怀着国耻家仇，不少台湾同胞横渡海峡，回到大陆投入全民族抗日的伟大斗争。

1973 年，莫那·鲁道终于归葬故乡。如今，他长眠在雾社事件纪念公园中，除了雕像和墓碑，人们还为他和牺牲的台湾少数民族同胞立起纪念碑和牌坊，“碧血英风”“抗日英雄”的字样分外醒目。雾社起义虽已过去 80 多年，但台湾同胞作为中华民族一分子抗击外侮所写下的英雄篇章永远值得铭记。

杨开慧

『牺牲我小，成功我大』

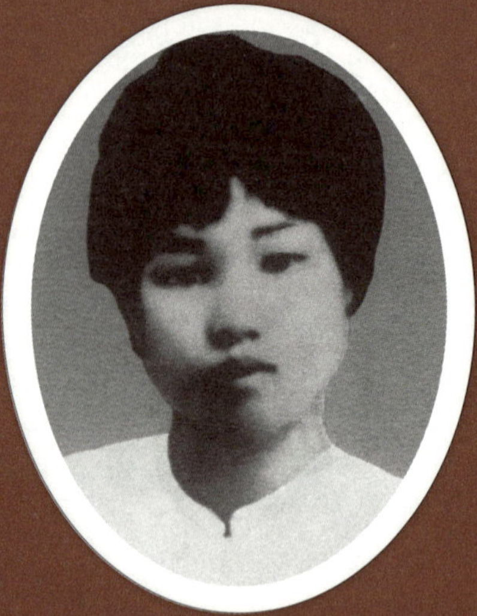

杨开慧，1901 年出生于湖南长沙县清泰乡板仓（今开慧镇开慧村）。1920 年冬，她和毛泽东举行了简朴的婚礼，结为革命伴侣。1922 年，杨开慧加入中国共产党。1930 年 10 月，杨开慧被捕。同年 11 月 14 日，杨开慧就义于长沙浏阳门外识字岭，年仅 29 岁。

英烈语录

砍头只像风吹过！死，只能吓胆小鬼，吓不住共产党人！

——杨开慧

在湖南省长沙县东北隅，有一个距离县城约50公里的板仓小镇，因为一位伟大的女性而远近闻名。这位湖湘女杰、巾帼英雄就是毛泽东同志亲密的战友和亲爱的夫人——杨开慧。

杨开慧，1901年出生于湖南长沙县清泰乡板仓（今开慧镇开慧村）。父亲杨昌济是一位思想进步的学者、教育家。1913年，杨昌济到湖南省立第一师范教书，杨开慧随父亲迁往长沙，并在这里认识了毛泽东。

1918年，杨昌济到北京大学任教，举家北迁。这年9月间毛泽东因组织赴法勤工俭学也来到北京，在这期间，毛泽东和杨开慧有了更多的接触并开始相爱。

1920年初，杨昌济不幸病逝，杨开慧回到湖南长沙。同年8月，毛泽东在长沙成立文化书社，杨开慧予以资助并参与书社活动。1920年冬，杨开慧加入了中国社会主义青年团，成为湖南第一批团员。就在这时，她和毛泽东在长沙举行了简朴的婚礼，结为革命伴侣。

1922年，杨开慧加入中国共产党。同年，毛泽东在湖南建立了中共湘区委员会，任区委书记，杨开慧负责区委的机要和交通联络工作，身兼秘书、机要、文印、联络、总务等多个职务，成为毛泽东的得力助手。

1923年4月，毛泽东到上海党中央工作。杨开慧带着毛岸英和毛岸青也来到上海，协助毛泽东开展工作，并同向警予一起组织女工夜校。

1925年2月，杨开慧随毛泽东回到韶山开展农民运动，协助毛泽东创办农民夜校并担任教员。同年12月，杨开慧离开韶山转往广州协助毛泽东收集、整理资料，编写文稿，负责联络工作。

1927年初，毛泽东对湖南农民运动进行考察，杨开慧把大量的调查资料进行分类整理，工整地抄写下来。

大革命失败后，毛泽东按照党的八七会议指示领导湘赣边界秋收起义，杨开慧带着三个孩子回到长沙板仓开展地下斗争。

1930 年 10 月，杨开慧被捕。敌人逼问毛泽东的去向，要她公开宣布与毛泽东脱离夫妻关系。杨开慧坚定地说，“牺牲我小，成功我大”“要我和毛泽东脱离夫妻关系，除非海枯石烂！”

1930 年 11 月 14 日，杨开慧就义于长沙浏阳门外识字岭，年仅 29 岁。

如今，由杨开慧烈士故居、陵园、陈列馆以及杨公庙四部分组成的杨开慧纪念馆，是中国百家红色旅游经典景区之一，每年接待瞻仰者 130 余万人，接待开展党性教育和主题党日活动的机关单位 3000 余个。

郭凤韶

热血铸就红梅开

郭凤韶，1911 年生于浙江省台州市临海县。1930 年，成为中国共产党党员。1930 年 9 月，郭凤韶不幸被特务盯梢逮捕。9 月 26 日，在南京雨花台英勇就义，年仅 19 岁。

英烈语录

你们想用逮捕、屠杀的办法消灭共产党，是不可能的！

——郭凤韶

在南京雨花台烈士纪念馆第二厅，陈列着一幅题名为《且向百花头上开》的红梅图。画面上，一块顽石突立中央，把一旁的梅树枝条挤压得低垂着头，而在那低垂着的枝条上，一朵朵红梅正在顽强地盛开着。这红梅像极了此画的作者——郭凤韶。

郭凤韶，1911 年生于浙江省台州市临海县。父亲曾是同盟会会员，参加过辛亥革命。在具有进步、民主思想的家庭熏陶下，她从小就反对封建迷信和礼教，怀有拯救祖国和民族的雄心壮志。

1925 年，郭凤韶考入临海女子师范，参加了由进步青年组织的乙丑读书社。她阅读了《新青年》《彷徨》《呐喊》等大量进步书籍和刊物，思想觉悟逐步提高。1926 年底，她加入了中国共产主义青年团。

1927 年四一二反革命政变后，反动当局大肆逮捕和屠杀共产党员和读书社成员，有人劝郭凤韶退社，郭凤韶却坚定地说："革命是我第一生命，我决不退社！"

1929 年，郭凤韶考入陶行知创办的南京晓庄乡村师范学校。1930 年，她转为中国共产党党员，并担任党的小组长，不久又担任中共南京市委地下交通员，经常只身往来于市委和晓庄之间，传递情报和文件。

1930 年，帝国主义和国民党南京政府制造了骇人听闻的"四三惨案"。在中共南京市委的领导下，南京的爱国学生进行了反对国民党反动暴政的示威游行。郭凤韶负责联络各大中学校，组织全市学生进行示威活动。她四处奔走，在街头宣传，与反动军警进行面对面的斗争。

学生的革命行动，使反动当局恨之入骨。同年 4 月 8 日，郭凤韶所在学校被反动当局查封，许多共产党员被捕。郭凤韶秘密转移到无锡，以教书为掩护继续革命工作。同年9月，她返回南京，准备参加营救被捕的同志，不幸被特务盯梢逮捕。

在狱中，郭凤韶受尽酷刑，被打得遍体鳞伤、血肉模糊，她始终守口如瓶。每次从昏迷中醒来，总是怒斥敌人："你们想用逮捕、屠杀的办法消灭共产党，是不可能的！"9月26日，郭凤韶在南京雨花台英勇就义，年仅19岁。

2005年，郭凤韶烈士纪念馆在其临海故居落成。故居院落里的部分房间被设计为展厅，展现了郭凤韶文思敏捷、能歌善画的才华和以生命为笔、鲜血为墨的精彩一生。楼下展厅，有她文笔流畅的家书和惟妙惟肖的画作。

纪念馆工作人员章冬玲说，她常告诉来访的游客们，今时今日，进步英烈的理想信念和道德情操依然在为我们这代人提供强大的"钙"和动力。

潘心元

对革命『至死不移』

潘心元，又名潘心源，1903 年 1 月 24 日出生在湖南浏阳县丰裕伍佳渡（今浏阳市永安镇丰裕社区）。1923 年 6 月加入中国共产党。1930 年 12 月，因叛徒出卖，潘心元在浙江省玉环县被捕，英勇不屈，壮烈牺牲，年仅 27 岁。

英烈语录

我的头是钢铸铁浇的，对革命是至死不移的。

——潘心元

20 世纪二三十年代，在革命老区湖南浏阳，涌现了许多革命志士，第一任浏阳县委书记潘心元就是其中的一员。

潘心元，又名潘心源，1903 年 1 月 24 日出生在湖南浏阳县丰裕伍佳渡（今浏阳市永安镇丰裕社区）。潘心元自小思想活跃，1921 年夏，他考入长沙市岳云中学，与田波扬等同乡创办“浏北新民社”，出版《新民》社刊，宣传马克思主义思想。1923 年 6 月加入中国共产党。

1924 年底，中共湘区委员会派潘心元到浏阳，以小学教师身份作掩护，开展革命工作，协助夏明翰建立浏阳第一个农村党支部。

1926 年 10 月，潘心元主持召开中共浏阳县第一次代表大会，建立中共浏阳县委，任书记。1927 年 2 月，组织农民武装，建立浏阳工农义勇队，任党代表。同年四五月间，潘心元出席在武汉召开的党的五大，支持毛泽东等提出的武装工农的主张。

1927 年 5 月 21 日，马日事变发生，湖南笼罩在白色恐怖之中。潘心元对妻子说：“我的头是钢铸铁浇的，对革命是至死不移的。”“革命不成功，我是誓不罢休的。”

马日事变发生后，潘心元率领近万名浏阳农军参加围攻长沙的斗争。1927 年 9 月参加湘赣边界秋收起义，出席了毛泽东在安源召开的秋收起义军事会议，被任命为工农革命军第三团党代表。在陪同毛泽东指挥秋收起义途中路遇国民党地方武装，他机智勇敢地掩护毛泽东脱险。

秋收起义部队上井冈山后，潘心元留在平江、浏阳、醴陵地区组建游击队，与平浏醴特委书记夏明翰一起组织开展游击斗争。1928 年，任湘东特委副书记，带领游击队支持彭德怀等领导的平江起义。同年冬，他任湖南省委委员、农民部部长。

1929年，潘心元任中央巡视员，到湘赣红军中传达党的六大精神。1930年2月当选为红四、五、六军总前委常委，曾任红三军代理政委、红一方面军总前委委员，参加了红军第二次攻打长沙之战。这期间，他多次往来于上海与苏区之间，传达党中央指示，向中央报告秋收起义和红军斗争的情况。

1930年8月，潘心元赴上海向党中央汇报工作，提交了《巡视湘鄂赣三省红军之报告》。同年9月，由周恩来安排，潘心元赴浙南地区巡视党务工作和军事工作，同时任浙南红十三军政委。1930年12月，因叛徒出卖，潘心元在浙江省玉环县被捕，英勇不屈，壮烈牺牲，年仅27岁。

浏阳市党史办主任罗业永告诉记者，直到20世纪80年代，潘家后人和浙江当地政府才确认玉环县苔山岛上的潘姓烈士墓就是潘心元的墓，这时距他牺牲已经50多年了。

罗业永说，潘心元牺牲近90年，无论岁月如何变迁，冲淡不了他的伟大功绩和革命精神，更冲淡不了人们对他深深的思念。

王德三
云南人民解放之路的开拓者和奠基人

王德三，原名王懋廷，字正麟，1898 年 7 月生于云南省祥云县。1921 年考入北京大学。1922 年经邓中夏介绍加入中国共产党。1930 年 11 月，因叛徒出卖，王德三不幸被捕。12 月 31 日，王德三在昆明英勇就义，年仅 33 岁。

英烈语录

如果要偷生苟活，那就要做出些无廉耻的事情，那时你儿子又有什么脸在人世上？

——王德三《遗书》

在云南省大理白族自治州祥云县刘厂镇王家庄有一座白墙灰瓦、古色古香的“三坊一照壁”民居，这就是革命烈士王德三青少年时期生活、学习的地方，如今作为祥云“红色传承”教育基地的一部分，仍完整地保留着。

王德三，原名王懋廷，字正麟，1898 年 7 月生于云南省祥云县。1921 年考入北京大学，不久加入中国第一个学习和研究马克思主义的团体——北京大学马克思学说研究会。1922 年经邓中夏介绍加入中国共产党。

1924 年秋，受中共北方区委派遣，王德三到陕北建立党组织，是陕北地区共产党组织的创建者和重要领导人之一。

1925 年，王德三回到北大复学，先后任中共北京区委委员、北京团地委委员和经济斗争委员会书记等职，参加北京工人运动的领导工作。

1927 年 2 月，时任黄埔军校政治教官的王德三受党指派回到云南工作，历任中共云南省特委、临委、省委书记，是党的第六次全国代表大会代表。

1927 年大革命失败后，革命处于低潮。王德三根据云南地方军阀的实际状况，继续领导人民开展坚决的革命斗争。按照党的八七会议精神，1927 年底，中共云南省委把工作重心转移到铁路沿线，在蒙自、个旧厂矿和滇南农村继续坚持斗争，开展了深入工农的艰苦工作。

1930 年 1 月，王德三当选为中共云南第一届省委书记。在白色恐怖和极端困难的条件下，他领导云南省各级党组织和各族人民进行了英勇顽强的斗争。他深入少数民族聚居区，认真总结党在民族地区工作的经验教训，向少数民族群众宣传党的主张，启发少数民族兄弟的阶级觉悟。他针对滇南少数民族地区的工作，主持制定了《少数民族问题大纲》，这是中国共产党在云南少数民族工作的第一个纲领性文件。

1930年11月，因叛徒出卖，王德三不幸被捕。在狱中，面对敌人的威逼利诱，他不为所动，写下了感人至深的万言《遗书》。《遗书》中他这样对父亲说，“儿非病死短命，是被人压迫去成仁就义。”“如果要偷生苟活，那就要做出些无廉耻的事情，那时你儿子又有什么脸在人世上？”“儿现时只有拿定主张，把身子献给人类了！”

1930年12月31日，王德三在昆明英勇就义，年仅33岁。

祥云县“红色传承”教育基地管理中心主任王锦琼介绍，每年都有不少于三万人从全国各地来到王德三故居缅怀英烈。“王德三为革命事业献出了宝贵生命，他为了真理、为了正义敢于抛头颅洒热血的精神值得所有人学习。”

何孟雄

『从容莫负少年头』

何孟雄，1898年6月生，湖南炎陵人。1921年7月，中国共产党成立，何孟雄是全国最早的50余名党员之一。1931年1月17日，因叛徒告密，何孟雄在上海被捕。2月7日，何孟雄与其他23位共产党员与革命者，在上海龙华英勇就义，时年33岁。

英烈语录

当年小吏陷江州，今日龙江作楚囚。万里投荒阿穆尔，从容莫负少年头。

——何孟雄

湖南炎陵县中村乡龙潭瑶族村何家组，有一座黑瓦白墙的江南古宅。宅子建于晚清，全国最早的共产党员之一的何孟雄，就在这座“何家大屋”里长大。参加革命后，他就再也没有回来过。

“当年小吏陷江州，今日龙江作楚囚。万里投荒阿穆尔，从容莫负少年头。”这是何孟雄一次入狱后在监狱墙壁上写下的一首诗。

何孟雄，1898年6月生，湖南炎陵人。早年在长沙求学期间，与毛泽东、蔡和森、邓中夏等交往密切，建立了革命友谊。1919年3月，何孟雄进入北京大学学习，受《新青年》为代表的新思潮影响，积极投身五四爱国运动，成为北京大学学生运动的重要骨干。

1920年3月，在李大钊的指导和帮助下，何孟雄和邓中夏、罗章龙等人发起成立了中国第一个马克思主义学说研究团体——北京大学马克思学说研究会。同年11月，加入北京社会主义青年团和北京共产党早期组织。

1921年7月，中国共产党成立，何孟雄是全国最早的50余名党员之一；同年冬，当选中共北京地方执行委员会书记，同时任中国劳动组合书记部北方分部成员；1923年6月，出席在广州召开的中共第三次全国代表大会；1925年5月1日，任刚刚成立的京绥铁路总工会秘书长；1926年5月，调任中共唐山地委书记；1927年4月，调到当时的革命中心武汉工作，任中共汉口市委组织部长。

在此期间，何孟雄作为北方党组织和工人运动的重要领导成员，参与发动和领导了京绥铁路、开滦煤矿、唐山铁路机车厂、正太铁路和京汉铁路工人大罢工等许多重大斗争。

大革命失败后，1927 年 9 月，中共中央由武汉迁往上海，何孟雄也被调往上海，先后任中共江苏省委委员、淮安特委书记、江苏省委常委兼农民运动委员会书记、军事委员会书记等职，参与领导江苏各地党组织的恢复、发展工农运动和开展武装斗争。

1931 年 1 月 17 日，因叛徒告密，何孟雄在上海被捕。在狱中，他保持了共产党员的坚定立场和崇高品格，宁死不屈，同敌人进行了坚决斗争。

1931 年 2 月 7 日，何孟雄与其他 23 位共产党员与革命者，在上海龙华英勇就义，时年 33 岁。

“龙华千古仰高风，壮士身亡志未穷，墙外桃花墙里血，一般鲜艳一般红。”这首诗就是为了纪念这 24 位革命烈士所作。炎陵县档案史志局原局长张晓建说：“何孟雄曾多次入狱，在最困难的时候对党的忠诚、对崇高理想的追求始终不变，这种精神依然值得我们继承和发扬。”

林育南

工人运动的优秀领导人和组织者

林育南，1898 年 12 月出生于湖北黄冈，1922 年初加入中国共产党。1930 年起林育南任全国苏维埃区域代表大会中央准备委员会秘书长。1931 年 1 月 17 日，林育南同何孟雄、李求实等在上海被国民党反动当局逮捕。2月 7 日，在上海龙华英勇就义，时年 33 岁。

英烈语录

此后我更当造成“山”一般的稳定，“铁”一般的顽强……就以此自励，以后就叫我“铁峦”吧，铁峦呵！好自为之！

——林育南

位于湖北省黄冈市团风县回龙镇白羊山下的林家大湾村，群山环抱，风景秀丽。革命烈士林育南的故居就坐落于此。

林家大湾村党支部书记徐少华介绍，作为湖北省重点文物保护单位，林育南故居每年都有近 10 万人慕名前来参观。林家大湾村也因此被评定为湖北省旅游名村。

林育南曾孙女林敏在林育南故居担任讲解员十余年，她说，讲述先辈事迹是对他们最好的纪念，深切缅怀革命先烈、发扬传承革命精神是共产党人不忘初心本色的具体行动体现，只有这样才能让烈士的鲜血不白流。

林育南，1898 年 12 月出生于湖北黄冈，早年就读于武昌中华大学中学部，1917 年 10 月参加恽代英组织的互助社。1919 年参加五四运动，被选为武汉学生联合会负责人。1920 年 9 月考入北京医学专科学校。1922 年初加入中国共产党。

1922 年 5 月起，林育南任中国劳动组合书记部武汉分部主任、中共武汉执行委员会委员、武汉工团联合会秘书主任。他先后参与领导、组织了 1922 年 9 月的粤汉铁路工人罢工、1923 年 2 月京汉铁路二七大罢工、1925 年五卅运动上海工人大罢工、1927 年汉口工人收回英租界等重大斗争。

1923 年 6 月，林育南赴广州出席中共三大，8 月到南京出席中国社会主义青年团二大，当选为团中央委员、团中央秘书、组织部长，并兼任《中国青年》主编。1925 年 1 月起任中共中央职工运动委员会委员，到上海从事工人运动的领导和组织工作。1925 年 7 月起任全国总工会上海办事处秘书长。1926 年 9 月起任中共湖北区委宣传部部长。1927 年 1 月，他参与主持召开湖北省总工会一大，任大会秘书长，被选为湖北省总工会宣传主任。1927 年 4 月至 5 月，他出席在武汉召开的中共五大，被选为候补中央委员，1927 年 6 月任全国总工会执委会委员兼秘书长、宣传部部长。

1927 年大革命失败后，林育南在湖北转入地下斗争，先后任中共湖北省委常委兼宣传部部长、中共湖北省委代书记。1927 年底赴上海，任中共沪东区委书记。1929 年 11 月在上海参与筹备第五次全国劳动大会，他继续被选为全国总工会执委会委员，任编辑委员会负责人、秘书长，主持日常工作。1930 年起林育南任全国苏维埃区域代表大会中央准备委员会秘书长。

1931 年 1 月 17 日，林育南同何孟雄、李求实等在上海被国民党反动当局逮捕。在狱中，林育南经受住了敌人的严刑拷打，宁死不屈，对党忠诚，同敌人进行坚决斗争，保持了共产党员的坚定立场和崇高品格。1931 年 2 月 7 日，林育南与何孟雄等 24 位共产党员与革命者，在上海龙华英勇就义，时年 33 岁。

李谦

屡建殊功的红七军将领

李谦，原名李隆光，湖南醴陵人。1924年秋，加入中国共产党。1931年1月，李谦任红七军五十八团一营营长。2月3日部队在粤北乳源梅花村被国民党军包围，他指挥部队英勇反击，战斗中壮烈牺牲，年仅22岁。

英烈语录

我们跟敌人拼到最后时，请你留一颗子弹给我！

——李谦

湖南醴陵革命烈士纪念馆，工作人员拿出珍藏的《醴陵英烈》一书，一位位烈士的传略记载在泛黄的纸张上。“身先士卒、驰骋沙场、英勇善战、屡建殊功”的红七军将领李谦，以其22岁的年轻生命，在历史上留下了短暂而绚烂的一笔。

李谦，原名李隆光，湖南醴陵人。1909年出生于醴陵县城一个店员家庭。1920年，考入县立中学，受到进步思想熏陶，参加反帝爱国学生运动。和同学成立“社会问题研究社”，抨击时弊，提出救国救民主张。

1924年春，李谦和左权等同学离开家乡，考入广州陆军讲武堂，后转入黄埔军校第一期。同年秋，他加入中国共产党，成为中共黄埔支部成员。

1925年，李谦参加讨伐陈炯明的东征。他主动请战，协助“奋勇队”队长率领队员爬梯攻城。7月编入国民革命军第一军，任连长。1926年调第六军十九师任营长，参加了北伐战争中攻克南昌、南京的战役。因战功卓著，1927年4月升任第六军十九师二团团长。不久，赴日本陆军士官学校学习。

1929年5月李谦回国，奉中共中央指示到南宁，任广西第四警备大队副大队长，协助大队长张云逸改造部队，训练中下级军官，进行武装起义的准备工作。12月参与组织百色起义，任中共前敌委员会委员，中国工农红军第七军一纵队司令员，参加创建右江苏区。1930年4月底率部参加攻克黔东榕江县城的战斗。同年11月部队在河池整编，任红七军二十师师长。在敌人大军“围剿”之下，李谦率部转战湘粤边界地区，时而奔袭，时而固守，时而杀回马枪，攻城略地，出奇制胜。他不仅作战勇猛顽强，机智灵活，而且在斗争最艰难困苦的关头，总是用坚忍不拔、吃苦耐劳的忘我革命精神和与战士同甘共苦的模范行动，来鼓舞部队士气，使红二十师越战越强，成为红七军中一支能征善战的主力部队。

红七军在北上转移途中，由于连续作战，伤亡较大，1931 年 1 月部队进行缩编，李谦任红七军五十八团一营营长。2 月 3 日部队在粤北乳源梅花村被国民党军包围，他指挥部队英勇反击，连续打退敌人的八次进攻。后率领一个排追击逃敌，战斗中壮烈牺牲，年仅 22 岁。

巍巍青山埋忠骨。在粤北的大山深处，村民廖文成当时受红军之托，将李谦的遗体掩埋于自家屋旁。从此，廖氏祖孙三代人看护着烈士之墓，一守就是 80 多个春秋。2010 年，李谦烈士墓被迁入乐昌梅花镇的红七军革命烈士纪念园，廖文成孙子廖聪济成为纪念园管理员，继续守护着烈士英魂。